今すぐできて
成果が上がる

# 最強の職場改善

坂本松昭

きずな出版

# ミスをゼロにすれば驚くほど職場は変わりだす

あなたは普段、仕事でどのくらいミスをしていますか？

「やるべき作業をうっかり忘れていた」

「数字の見落としがあって、資料がつくり直しになった」

これらは一見するとだれでもやってしまうもので、仕事に大きな支障をきたすものではなさそうに思えます。

しかし、**その認識が大きな間違いなのです。**

多くの人は、仕事のちょっとしたミスを非常に軽く考えています。「人間だから仕方ない」「ついうっかり」で片付けてしまいがちです。

こうしたちょっとしたミスは、単に仕事の効率が落ちるだけではありません。**ちょっとしたミスは人間のモチベーションを大きく低下させ、仕事そのものに対する熱意を損なわせます。さらに人間関係を悪化させ、その職場で働いている人全員の生産性を低下させる要因ともなります。**

筆者はこれまで職場改善コンサルタントとして、200以上の現場を指導してきました。業種も、いわゆるホワイトカラーの事務職場から、コールセンター、システム開発、生産工場、訪問セールス、事務受託など多岐にわたります。

それらの経験から、**職場の生産性や働く人のモチベーションを悪化させるものの根本的な原因は、日常のミスにあることを発見したのです。**

すなわち、冒頭で紹介したような「よくあるミス」を徹底的に撲滅するだけで、職場の問題の9割は解決できるという結論に至りました。現に私はその方法をこれまでの現場で徹底させることで、そのいずれでも生産性を向上させ、満足度を高めてきています。

たとえどんなに小さなミスでも、それが起こると肉体的・精神的な負荷がかかります。やり直しや問題解決に余計な時間がかかり、残業の原因にもなります。

また、上司からの心証が悪くなり、場合によっては評価が下がったり、職場での居心地の悪さにもつながります。

実際、ミスが原因で仕事へのやる気や熱意を失ってしまった人、ミスが原因で仕事のおもしろさを見失ってしまった人、ミスが原因で職場での人間関係が悪化してしまった人はたくさんいます。私はそうした人々をたくさん見てきました。

**この世に「してもいいミス」はありません。**

ミスを根絶するだけで、仕事にまつわる問題の大半は解決します。

では、どうすればミスをなくせるのか。

**私はこれまでの経験から、人々がしてしまうミスはすべて7つの原因に分類できると考えています。**

すべてのミスはこの7つのどれかに分類されるか、いずれかが交じった形です。

本書は2部構成をとっています。

第一部では、あなた自身のミスを完全になくす方法を紹介します。そのために、ミスが起きる原因を7つに分類します。この7つの原因をなくせば、あなたは完全にミスをなくすことができます。

第二部では、ミスの発生率に大きく影響を及ぼす「人間関係」にしぼり、職場で良好な人間関係を構築するためのコツをお伝えします。上司や部下、同僚と円満な関係が築ければ、ミスは減り、仕事がおもしろくなります。

もちろん、本書で紹介する手法は、どれも私が実際に200以上の職場でミスを減らしたものだけです。

あなたは本書によって、以下の2つのことを実現できるようになります。

**1つは、仕事を「速く、正確に」処理できるようになること。**

**もう1つは、職場生活を「幸せで充実」したものに変えること。**

ミスをなくすことは、単に仕事を効率化できるだけではありません。結果的に心や時間のゆとりが生まれます。

さあ、本書でミスなく、仕事がおもしろくなる人生の扉を開いてください。

あなたの人生が豊かになるのを体感するはずです。

もくじ


はじめに　ミスをゼロにすれば驚くほど職場は変わりだす……003

序章　職場でミスが起こる本当の原因

ミスは仕事からのメッセージ……017
「ミスの結果の大小」で判断してはいけない……019
原因ではなく「真の原因」を探せ……020

第一部　ミスをなくして職場を改善する

第1章　「コミュニケーション」のミスをなくす

自分や相手のコミュニケーション能力に期待しない……025

コミュニケーションのフォーマットを決める 027
ＯＪＴも過去の事例からフォーマット化しておく 030
指示を出すときは目的を一緒に伝える 033
最初は面倒でもやがてフォーマットは手放せなくなる 035
連絡のハードルはできる限り低くする 037
連絡をしやすいだけで情報がタイムリーになる 039
使っている言葉の意味を再確認する 041
検索しやすいファイル名をつける 044
ワンコミュニケーション・ワンメッセージ 048

## 第2章 「順序」のミスをなくす

「大きな仕事」と「小さな仕事」 053
緊急ではない重要な仕事が進んでいるか？ 055

時間順に並べるだけでいい 057
次の仕事の「記憶」を呼び覚ます 059
流れ作業を続けるときは定期的に止める 061
強制的に休憩時間を入れる 064
忘れてしまうことを先にやる 066
マルチタスクをやめる 067
メールは「返事をするもの」と「返事をしないもの」に分ける 069

## 第3章 「中断」のミスをなくす

だれからも話しかけられない時間帯をつくる 073
中断した箇所にしるしをつける 075
あらゆる仕事を3つの状態に分けて管理する 077
進捗状況を社内で共有する 078

シンプルだけど役に立つチェックリストの威力 …… 080
仕事のルーチン化という知的作業 …… 082


## 第4章 「環境」のミスをなくす

視覚や聴覚を刺激しつつ働く …… 085
トイレのマークにはなぜ色があるのか …… 086
なにを捨てるかより大切な「捨てる基準」 …… 088
AとかBとかはもうやめる …… 090
刺激は持続させることに意味がある …… 092
やめてほしい行動は最初からできなくすればいい …… 094
戻す場所に目印をつける …… 096

## 第5章 「記憶」のミスをなくす

人の記憶ほど当てにならないものはない 099
なにかを覚える時間を限りなくゼロに近づける 101
一覧表をつくる 104
記憶はみんなで共有しておく 106
情報に語りかけてもらう 109
ミニミーティングをやってみる 112
名前を覚えるときのコツ 114
メモは紙に書かなくてもいい 116
書いたことを学びに変えるメモの3つの要素 118

## 第6章　「目標設定」のミスをなくす

目標とは自分自身に対する許可である　123
「なにを目標としない」かを決める　126
あえて顧客満足度を高めない　129
目標とスローガンの違い　131
大きな目標を細かくして「小目標」を立てる　133
目標は達成できればいいというものではない　135
目標を貼るのはやっぱり効果的　137
目標達成度をチェックするときに注意すること　139

## 第7章　「意識」のミスをなくす

意識は形から変えられる　143

姿勢を見ればすべてがわかる 144
形だけの整理整頓でも意識は変わる 148
1分間だけ目を閉じて深呼吸してみる 151
自分のスイッチを探しておく 152
あなたはリハーサルをしていますか? 154

# 第二部 人間関係から職場を改善する

## 第8章 話しかけられる自分に変わる

人間関係をよくする3つの行動 162
苦手な相手がいたら、あえて隣を通り抜けてみる 163
だれかと会ったら、とにかく言葉を発する 166

「すみません」という言葉を使わない 169

## 第9章 職場を居心地のいいものに変える

背筋を伸ばして大きな声で挨拶する 174
嫌な感情が湧いてきたら手を洗う 177
あえて弱さをさらけ出す 179
成果と関係ないことも精一杯やってみる 182
簡単な仕事を馬鹿にしない 183

## 第10章 職場の同僚と仲良くなる

目に見えないことは聞かない 188
乗り気でないなら自分からは誘わない 190

パーソナルスペースを気にしすぎない 193

## 第11章 部下のやる気を引き出す

ポジティブな内容以外に反応しない 198
部下の隣にそっと座る 201
部下の欲求を満たすために大切な3つのこと 203
部下が周囲から「できる人」と思われるように演出する 205
有能な上司を演じきる 208
その仕事が部下にとってメリットがあることを示す 212
上司が部下に果たすべき本当の役割とはなにか 214
何度でも同じ話を聞く覚悟を持つ 216

おわりに 220

# 序章

# 職場でミスが起こる本当の原因

# ミスは仕事からのメッセージ

まず覚えていただきたいのは、ミスが起きたということは、「その仕事のやり方がどこか間違っていた」ということです。

**ミスとは「その仕事のやり方は変えなければいけませんよ」というメッセージなのです。**

ミスに対して「ついうっかりしていた」「注意を怠っていた」と考えるだけでは、この貴重なメッセージを無視していることになります。

**ミスをしないやり方が、仕事には必ず存在します。** そして、その方法を教えてくれるのが「ちょっとしたミス」なのです。

では具体的に、どんなミスが、どんなメッセージを発してくれるのでしょうか？

たとえば、事務処理の伝票を間違えてしまったとしましょう。ここに隠されているメッセージはなんだと思いますか？

「別々の用途に使う伝票なのだから、一目で見分けられるようにすればいい」というメッセージがありえます。それを実践しているのが銀行の伝票です。入金、出金、振込などの伝票は、間違えることがないように枠の色や大きさを変えています。

ミスが発するメッセージに気づき、適切に対処すれば、あなたからミスを確実になくすことができます。

もう1つ別の例を紹介します。他人への連絡の行き違いをよくしてしまう人がいるとしましょう。これにはどのようなメッセージが隠されているしょうか?

これは「伝える内容の順番をあらかじめ決めておいたほうがいい」または「伝える書面のフォーマットを決めておいたほうがいい」というメッセージがありえます。

伝える順番が決まっていれば、聞き手は無駄な憶測をせずに聞けます。伝える側も、少し冗長になっても、落ち着いて伝え切ることができるでしょう。書面のフォーマットが決まっていれば、どこになにが書かれているのかが一目瞭然です。

受け手も誤解をしにくくなりますし、伝え手も伝え漏れを防げます。

# 「ミスの結果」の大小で判断してはいけない

多くの人は、ミスが発するメッセージを無視してしまいます。「ミスの結果」が些細《ささい》なものだからです。

たとえば、大切な書類を置き忘れたとします。社内の会議室なら問題にはなりません。

しかし、**「ミスの結果」は些細でも、「ミスの原因」は重大だということがよくあります。**

先ほどの例で考えてみましょう。これが取引先の会社だったらどうでしょうか。さらには、公共の場に重要書類の入ったカバンを忘れてしまったとしたら……。こうなると、場合によっては取り返しのつかない重大なミスとなりますね。

**ミスは、そのときの結果の大小で判断してはいけません。**ミスの結果が小さいうちにその芽を摘んでおかなければならないのです。

# 原因ではなく「真の原因」を探せ

ここまでの内容で、ちょっとしたミスでも撲滅しなければならない重要性は理解していただけたと思います。

では次に、そもそもなぜミスが起きるのか、なぜ同じミスを繰り返してしまうのか、その原因を考えましょう。

ここで大切なのが、**ミスの〝真の原因〟を理解する**ことです。

職場でのミスを防ぐための対策として、「注意を徹底しましょう」「確認を徹底しましょう」というものをよく目にします。

しかし、これではなんの対策にもなっていないのです。注意や確認をしたくても、「できない原因」が隠れているからです。**やろうと思っても「できない原因」こそが、ミスの〝真の原因〟です。**

注意や確認をしなければいけなかったことは、だれでもわかります。でも、それができなかったから、ミスは起きたのです。

効果的なのは、「注意を徹底するために、必ず××をしましょう」「確認を徹底するために××をしましょう」という考え方です。これがミスをしないための基本原則です。

たとえば、3ケタで記載すべき項目を4ケタで記載してしまったとします。このミスの真の原因は「そもそも4ケタで記載できること」だと考えられます。

そのため、「3ケタでしか書けないフォーマットをつくる」という解決策が考えられます。3ケタ以外で記載できなければ、それ以外のケタ数で間違って書くことはなくなります。

ミスを個人の注意不足や確認不足のせいで片付けると、その裏に隠れた真の原因に気づけなくなってしまいます。

「そもそも、なぜ注意や確認ができなかったのか」という考えを念頭に置くことで、そもそもミスが起きない仕組みを考えることができるようになるのです。

第一部

# ミスをなくして職場を改善する

第一部ではミスを引き起こす7つの真の原因を理解し、
それを1つひとつなくしていく方法をお伝えします。
前述したように、仕事のやり方を変えることで、
あなたの仕事は確実に、速く正確になります。
真の原因はどれもシンプルなことばかりです。
7つの真の原因に対して対策を施せば、
あなたの仕事からミスがなくなります。

# 第1章

# 「コミュニケーション」のミスをなくす

話が長い
ダラダラ話す

論理や
数字が苦手

感覚で物事を
判断しがち

こんな人は要注意!

# 自分や相手のコミュニケーション能力に期待しない

仕事をしていると、情報共有がうまくいっていなかったり、自分と相手の間で認識のズレが起きていることがよくあります。それにより、大きなトラブルやミスが発生してしまうことは珍しくありません。

多くの人のコミュニケーションは不完全です。相手に正確に伝えたり、伝えられた内容を確実に理解したりできる人はあまりいません。

相手のコミュニケーション能力に期待してはいけないのです。

**コミュニケーションには工夫が必要です。**工夫がないと、「アレをああして」というように、あうんの呼吸を頼りにしてしまいます。

この背景には「きっとわかっているはずだ」という暗黙の期待が隠れています。しかし、**「きっと伝わっているに違いない」という期待は、確実に裏切られるでしょう。**そのコミュニケーションには、必要な情報が不足しているからです。

**あなたが伝えなければならない情報は、本来はもっと膨大なはずです。それを省略して、さらに相手の理解力に頼って、無意識のうちに要約しているのが、コミュニケーションのミスの原因です。**

これは伝言ゲームに似ています。伝える側も、伝えられる側も必死ですが、どのようにがんばっても、正確なコミュニケーションはできません。

熱意や努力だけでは乗り越えることのできない壁があるからです。

たとえば、一方はジェスチャーだけで伝えようとし、もう一方は絵だけで伝えようとしていたら、どのように熱心なコミュニケーションであったとしても限界がありますね。じつはこれと同じことが日常ではたくさん起きています。つまり、必ず誤解が含まれているということなのです。

この章では、このようなコミュニケーションのミスをなくし、正確なコミュニケーションを行える仕事のやり方についてお伝えしていきます。

# コミュニケーションのフォーマットを決める

コミュニケーションでミスが起こる原因は「情報不足」です。

情報を伝え漏らしていたために意思疎通がうまくいかないケースがほとんどです。お互いに勘違いしたまま話が進んだりして、「そんなことは聞いてなかった」とトラブルになります。

こうした事態を防ぐために効果的なのが**「あらかじめ話す内容と順番をルール化する」**という方法です。つまり、コミュニケーションのフォーマットをつくってしまえばいいのです。

初対面の人でも、何度も一緒に仕事をした人でも、どんな仕事内容でも、このフォーマットにのっとってコミュニケーションをとります。そうすれば、情報不足による行き違いはなくなります。

たとえば、話の最初に、「この仕事の経緯を話す」というルールを決めていたとしたら、だいぶ話しやすくなるのではないでしょうか。

このルールを定めていれば、あなたも正確に背景を話す準備をしなければなりません。すると、あなたも必然的に曖昧なコミュニケーションはしなくなります。

フォーマットを準備する方法は、聞く側の立場としても便利です。

なにがどの順番で伝えられるのかがあらかじめわかっていれば、余裕をもって耳を傾けることができます。

聞く側も、話を聞き漏らすことがなくなります。

このテクニックは書面でのコミュニケーションにも応用できます。書面で連絡をするときのフォーマットを決めておくのです。

**フォーマットを決めておくと、ある程度の冗長さも許容できます。**

フォーマットがないと、どうしても必要最小限に伝えようとするものですが、フォーマットが決まっていることで、背景にある周辺情報も含めて過不足なく記載できるようになるからです。

もちろん、すべての会話のフォーマットをあらかじめ決めるということはできません。

ただ、仕事での定型的なコミュニケーションについては、あらかじめフォーマットを決めておけば、仕事の効率を大幅に高め、ミスを防ぐことができるようになります。

**プラスαのアドバイス**

一度フォーマットを決めれば、テンプレートとしても活用できます。その都度、考える必要がなくなるために、文書作成やメール返信が素早くできるようになります。これらをテンプレートとすることで、抜け漏れがなくなるだけではなく、対応がスムーズに行えるようになります。

# ＯＪＴも過去の事例からフォーマット化しておく

部外者の人になにかを説明してもらう場合にも、あらかじめフォーマットを決めておけば抜け漏れなく情報を伝えてもらうことができます。

たとえば、「××の内容について、以下の書式で返信してください」と、あなたのほうから指定してしまえばいいのです。

相手もその書式に従って返信すればいいだけなので、「逆に助かる」との意見が多いものです。

また、私の経験上、**あらかじめフォーマットを決めておくというやり方は、ＯＪＴ（On the Job Training）でも大きな効果がありました。**

あなたがだれかから仕事を教わる場面を想像してみてください。教え方の上手な人と、そうではない人がいますね。

あの人に教わったらすぐにできるようになるのに、あの人に教わるとできるようにならないというのでは、教える側にとっても教えられる側にとっても時間と労力が無駄になってしまいます。

なにかを人に教える場合、その教え方がベストであるかを事前に確認しましょう。

過去に同じことを経験している人がいれば、「これはどうやって教えたのか」、同じことを教えられた人がいるならば、「どうやって教えてもらうのがわかりやすいか」と聞いてしまうだけです。

たったこれだけのことでも、得られる効果が天と地ほどに違うことがあるのです。

もっといい方法があることを知っているにもかかわらず、我流でやっていた仕事はないでしょうか。

過去の知恵を活かさない人が多くいますが、あなたがいま経験していることの大半は、過去にだれかが経験していることなのです。

## プラスαのアドバイス

よくいわれることですが、「週末までによろしく」「なる早で」という指示はよくありません。「週末」「なる早」の解釈が人によって異なるからです。

週末と言われても、ある人は金曜日までと解釈しますが、別の人は日曜日までと解釈します。さらには、月曜の朝までならば大丈夫ではないかというツワモノもいるかもしれません。「×月×日○曜日の×時までによろしく」と伝えるのが正しい伝え方になりますね。

# 指示を出すときは目的を一緒に伝える

あなたは「この仕事は、一体なんのためにやっているのだろうか」と思ったことはないでしょうか。

もし、そのように思うとしたら、仕事の指示の出され方が間違っていたということでもあります。

このような例があります。

職場のある人が「Ｅｘｃｅｌに顧客名簿を打ち込んでください。Ａ列は氏名、Ｂ列は住所、Ｃ列は電話番号です」という指示を受けました。

この指示を受けた人は、Ａ列からＣ列まで、指示された必要な情報をしっかりとインプットしました。しかし、ここまでで終わりです。

では、もしこの仕事の目的が、「今月の新規顧客を部長に報告したいから、Ａ４用紙１

枚に新規顧客の情報をまとめたい」だとしたらどうでしょうか。

そのように指示を受けていれば、A4用紙1枚できれいにプリントアウトできるように、氏名、住所、電話番号を配列したExcelデータをつくってくれるはずです。

あるいは「新規顧客にDMを送るために、ラベル印刷に使いたい」という目的であれば、ラベル印刷したときにうまく印字されるように、長い住所は2段にしてインプットするなどの工夫も考えられます。

**指示を出す人よりも、実際に仕事をしている人のほうが、工夫の仕方も仕事のやり方もよく知っていることが多いものです。**

あなたが指示を出す立場であれば、依頼する仕事の目的を伝えるだけで、そのあとに自分でやる作業を減らすことができます。

もしあなたが指示を受ける立場であれば、目的のわからない仕事については、「これはどのような目的に使うのでしょうか」と確認しましょう。

必ずこれまでとはひと味違う仕事の成果を出せるようになります。

# 最初は面倒でもやがてフォーマットは手放せなくなる

筆者の知る職場では、次のようなフォーマットを決めて成功しました。

「現状は、(～現在の状態～) となっています。
(～目的～) をするので、(～指示内容～) をしてください。
その際、(～注意事項～) に注意してください。
作業前には、(～準備内容～) をしてください。
作業後には、(～付随する作業内容～) をしてください。
完了報告は、(～部署名・名前～) にしてください。
所要時間は、(～時間～) です」

このように決めておけば、必ずこの順番で伝えることができます。

最初は、「いちいちこのやり方をするのは冗長で面倒くさい」という意見もありました。

しかし、慣れればこれほど便利なものはありません。

**相手が次になにを伝えてくるかが決まっているので、いちいち努力して考えなくても、自然に理解できるようになるからです。**

「いまは目的を話しているのだな」

「次は、具体的な作業内容が来るな」

と指示を受ける側も、自然と心構えができます。

そして、具体的な作業内容を聞いている途中で疑問が生じたとしても、次の注意事項で説明があるかもしれない、というように余裕を持って相手の話を聞けるようになります。

同様に、この職場では、書面でのフォーマットも決めました。

なにがどこに書かれているのかが明らかなので、情報の読み取りミスもなくなったといいます。

# 連絡のハードルはできる限り低くする

**コミュニケーションのミスを減らすためには「これは別に伝えなくてもいいだろう」と思うような情報こそ綿密に共有しておくことが重要です。**

そのとき「相手が知らなくても困らない」情報でも、それがあとになってミスやトラブルを生む原因になることがよくあるからです。

小さな情報がなかなか共有されないのは、「伝えやすい環境が整っていない」ということに原因があります。

どう考えてもすぐ上司に報告するべき重要な情報はだれでも伝えますが、いちいち上司の手を煩《わずら》わせてしまいかねない環境だと、部下がついつい報告を遠慮してしまうものです。

会社のメールアドレスはだれもが使うと思いますが、社用メールはパソコンを開かないと確認できず、時間がかかったり、見落とされてしまうこともよくあります。

そこでおすすめしたいのは、**ＬＩＮＥやＦａｃｅｂｏｏｋのメッセンジャー機能を使って、連絡をとれる環境をつくっておくという方法です。**

これらのコミュニケーションツールなら、スマートフォンに通知が出て、相手がすぐに確認できます。

周囲の人と携帯電話やＬＩＮＥ、Ｆａｃｅｂｏｏｋなどで連絡をとりやすい環境を整備しておくことで、いままで以上に必要な情報がタイムリーに集まるようになります。

また、もしあなたが困ったときにも連絡をしやすくなります。本当に必要性が生じてから、連絡をとる相手の連絡先を整理していたのでは遅いのです。

日頃から連絡をとりやすい環境づくりを心がけましょう。

# 連絡をしやすいだけで情報がタイムリーになる

ある企業では、LINE上に連絡グループを作成したところ、気軽に連絡をしやすくなり、働く人々の満足度が向上しました。

たとえば、それまでは体調不良や家族の用事などで休みをとりたくても、わざわざ上司や同僚に口頭で承諾を求めなければならない仕組みだったので、各人がなかなかいいにくい環境でした。

しかしLINEグループを作成した結果、「××の事情で、休みをとりたい」などグループ全員に連絡をすることができるようになったのです。

これによって、以前は上司1人だけにしか伝わらなかった内容も、その場ですぐにメンバー全員と共有できるようになりました。

いまでは休みの連絡だけでなく、職場の課題などについても速やかに議論ができるようになったといいます。

この仕組みをつくったことでわかったこともあります。

以前は子どもが熱を出して病院に連れて行き、大したことがなくて午後には出社できたが、連絡するのが面倒なので1日休暇をとっていた、という人もいたのです。

コミュニケーションのハードルを下げたことで、本人が望まない無為な休みの問題も解消されたそうです。

また、別の例ですが、固定電話の内線しかなかった職場で、固定電話の代わりに内線用の携帯電話を支給したところ、タイムリーなやりとりができるようになり、仕事の効率が大幅に上がったといいます。

# 使っている言葉の意味を再確認する

ある職場での話です。

その職場では、定例の仕事を「きっとこのようにいっているに違いない」という思い込みで進めていました。使われている専門用語の正確な意味がわからないが、「きっとこのような意味に違いない」という思い込みで仕事をしていたのです。

客観的に聞くと信じられない話ですが、細かいことをいちいち確認するのが面倒くさいがために、このような仕事の進め方が常態化していました。

当然、この状況は非常に危険です。

いつミスが起きて、取り返しのつかない事態になってもおかしくありません。

この事例では、**「内容に誤解が生じている言葉はないか」**という視点から職場全員で集まり、意見を出し合いました。

どんな細かいものでも構わないからと、誤解の起きている可能性のあるものを言い合ったり、紙に書き出したものを集めたりしたのです。

その結果、想像以上の数の誤解の可能性が指摘されました。**「これについてはわかっているだろう」と勝手に思っていた仕事のプロセスなどを、きちんと理解できていない人が非常に多かったのです。**

そこでこの職場では、重大なものから優先順位をつけ、1つずつ直していきました。これまでやりとりしていた相手にも、「え？　そんな誤解をしていたの？」といわれることもあったといいます。

使われ方がバラバラな用語も丁寧に統一していきました。

その結果、この職場では、コミュニケーションによる誤解はほとんど起きていません。当然ながら、仕事も速くなり、納期を早めることもできています。

同じ会社で働いていても、じつは業務プロセスを理解していない人がいたということはよくあることです。

あるいは、

- **「あんな仕事のやり方でいいのだろうか?」とずっと疑問に思っていたが、部署が違うから口を出しにくい**
- **いつも回ってくる書類が不完全だが、修正依頼するのは面倒なので、こちらでいちいち追記してあげていた**

ということも、会社組織ではよくあることです。

一度時間をとり、言葉の意味や仕事の進め方を再確認してみるべきでしょう。

**プラスαのアドバイス**

コミュニケーションは、言葉だけではなく、ジェスチャーや図も交えたほうが効果的です。コミュニケーションの上手な人は、聴覚と視覚に同時に働きかけるなど、複数の感覚に訴えています。こうすると、相手の理解を促せるため、誤解のないコミュニケーションができるようになります。

# 検索しやすいファイル名をつける

あなたはバスの来る時刻を調べようとしています。

そのためには隣のビルまで行って、その最上階の部屋の鍵を借りて、金庫を開けて、数百冊の書類の束から1枚のバスの時刻表を探し出して調べなければ、次のバスの時刻がわからないとしたら……あなたはバスの時刻表を調べに隣のビルまで行くでしょうか。

そんなに面倒くさい手順を踏まなければならないのだとしたら、ほとんどの人は、いつ来るかわからないバスをバス停で待ち続けるはずです。

あなたが情報にアクセスしなければならないときに、このような大きなハードルがあると、その情報を見ない可能性が高くなることでしょう。

時間が足りない、面倒くさいなど、理由はさまざまでしょうが、**必要なときに、必要な情報をすぐ確認できないことによって起きるミスは珍しくありません。**

確認しなければならない情報は、できる限りアクセスしやすくしておかなければならないのです。

もちろん先ほどのバスの時刻を調べるプロセスは極端な例で、いまはパソコンなどからも多くの情報に簡単にアクセスできるのが当たり前です。

ただ、膨大なデータから自分が必要としている情報をすぐに取り出せるでしょうか。パソコンでキーワード検索をするときも、肝心のキーワードがわからないということもあるでしょう。

これでは、うまく探し出すことができませんね。

ここで大切なのが、**「情報にタイトルをつける」**です。

情報にわかりやすいラベルをつけておくことで、格段に探しやすくなります。コンピューターは情報を検索するのが得意ですが、ファイルにきちんとわかりやすいタイトルをつけた場合に限ります。

新しいファイルをつくったとき、思いつきで適当にタイトルをつけてはいけません。

**ファイルをつくるときは明確にルールを決めて、そのルールにのっとったタイトルをつけなければならないのです。**

ある職場の例では、タイトルは必ず「和名でつける」と決めました。ローマ字だとパッと見でわかりにくく、スペルを間違えると検索に引っかからないといった問題が起きるからです。

さらに、和名タイトルの前に、作成部署の頭文字2文字、タイトルのあとに作成した日付を西暦で入力するルールとしています。そして、文書のタイトルは、その文書のメインタイトルをそのままつけます。

つまり、「部署名の頭文字 - 文書のメインタイトル - 西暦の日付」が文書のタイトルとなります。

どんなタイトルのつけ方がいいかはケースバイケースです。ただ、一定のルールがないと、あとで検索したときにどれが最新のデータなのかわからなくなりますし、検索しても出てこなかったりします。

決めたルールが守られていれば、曖昧なキーワードでの検索でもその情報にたどり着けます。

どの部署が作成したのか、いつごろ作成したのかということがタイトルから検索ができるからです。

せっかく便利な機能があっても、名前のつけ方でそれをうまく活用できなかったらまったく意味がありません。

できる限り情報にアクセスするハードルを下げて、仕事を効率的に進められるようにしましょう。

## ワンコミュニケーション・ワンメッセージ

コミュニケーションではフォーマットをつくることも大切ですが、実際にビジネスの現場ではフォーマットをうまくつくれない場合もたくさんあります。

そのときに心がけたいのが、「ワンコミュニケーション・ワンメッセージ」です。一度にいろいろなことを伝えようとすると相手も混乱して、情報の行き違いや抜け漏れが起きてしまいます。

だから、**1つのコミュニケーションでは1つのメッセージを伝えることに注力したほうがいいのです。**これを心がけるだけで、驚くほど誤解を減らすことができるので、筆者はよくこれを教えています。

たとえば、「ここに花があって色は赤で、咲いている花は3つ、つぼみが2つあり、1枚の葉っぱには変色も見られます」という言い方では、どれかの情報はまず間違いなく相

手の記憶から漏れてしまうでしょう。この情報をしっかり伝えたいなら、

「ここに花があります」

「色は赤です」

「花が3つ咲いており、つぼみが2つあります」

「1枚の葉っぱには変色が見られます」

と、花について伝えたい情報を1つずつ区切り、それぞれ相手の理解を確かめながら伝えていくべきなのです。


さて、研修などでこのことを伝えると「どこまでがワンメッセージなのか」という質問をよく受けます。

**基本的な考え方として、メッセージは短ければ短いほどいいと思ってもらって構いません。**相手はあなたが思っている以上にうまく理解してくれないものですから、「これはさすがに細かくしすぎたかな」と思うくらいでもちょうどいいのです。

実際にこの「ワンコミュニケーション・ワンメッセージ」をやろうとすると、副次的な効果を実感できます。

それは、**「このコミュニケーションで自分が一番伝えたいこと、伝える目的はなにか」が自分のなかで明確になる**ことです。

説明が相手にうまく伝わらない人は、その人自身、自分がなにを説明したいのかをよく理解できていないことが少なくありません。ワンメッセージに区切る意識をつけることで、自分の伝える内容・目的を自分でも把握できます。

そうすれば、会話の最後に、「これは××ということですよ」と念を押すことも簡単にできるようになります。

伝える側にも、伝えられる側にも誤解がなくなりますね。

**プラスαのアドバイス**

勘違いしてはいけませんが、ワンメッセージは伝えるべき内容を1つに絞るという意味で、「ワンフレーズ」や「一言」で伝えることではありません。短く伝えればいいというわけではないので、間違えないようにしてください。

【コミュニケーションのミスを防ぐには……】

・相手の理解力に頼らず、あらかじめ伝える内容をフォーマット化しておく
・相手に依頼する仕事が発生した経緯や目的を一緒に伝える
・文章で伝える場合もフォーマット化して抜け漏れをなくす
・ツールを駆使し、コミュニケーションのハードルを下げることで小さな情報共有もしやすくする
・使っている言葉の意味や理解度を再確認する
・パソコンのファイル名なども統一ルールをつくり、検索しやすくする
・ワンコミュニケーション・ワンメッセージ（1つのコミュニケーションで1つのメッセージ）を原則にする

# 第2章

# 「順序」のミスをなくす

考えるより
体を動かすのが
好き
指示通りに
動くのが得意
浮気性で、
1つのことに
長時間集中
できない
こんな人は要注意!

# 「大きな仕事」と「小さな仕事」

いくつもの仕事を同時にやらなければならない場合、そのなかでやるべきことを忘れてしまうということはありますよね。それは、仕事に取り組む「順序」に原因がある可能性があります。

**仕事の順序を少し変えるだけで、仕事が進むスピードや成果は大きく変わります。**どのような順序でやればやり忘れをしないか、どの仕事を先にやったほうが（またはあとにやったほうが）効率が高まるのかなどにはルールがあるのです。

スピードが速く、効率的な順番で仕事を進めたほうが、ミスも減ります。筆者の経験でも、仕事の順番を変えるだけでミスが減った事例を見てきました。

**とくに注意が必要なのは、「大きな仕事」と「小さな仕事」が組み合わさる場合です。**「大きな仕事」の前後でやらなければならない「小さな仕事」は忘れやすい傾向があります。

人間は複数の物事に対して、同時に注意を向けることはできません。そのため、「大きな仕事」に集中してしまえば、「小さな仕事」に対する意識が薄くなってしまうのです。

しかし残念なことに、多くのビジネスにおいては、ほとんどの場合「大きな仕事」と「小さな仕事」を一緒にやるのが普通です。どちらか片方だけに注力できることは滅多にないでしょう。

ビジネスだけではありません。**私たちは日常生活のなかで、常になんらかの「大きな仕事（作業）」と「小さな仕事（作業）」を繰り返しています。**

これまで当たり前と思っていた仕事の手順が、じつはミスを起こしやすい、非効率的な順序だったこともあるでしょう。

その場合には、よりよい手順へと変える必要があります。

もしかしたら、すぐには変えられないかもしれません。しかしその場合も、少なくとも最善の仕事のやり方ではないとの自覚を持つことができます。

この事実を自覚するだけでも、仕事の成果に違いが出てきます。そして、近い将来に、仕事のやり方を変える機会は必ずあります。

## 緊急ではない重要な仕事が進んでいるか？

仕事の優先順位がわからなくて、アタフタしているうちに無駄な時間が過ぎてしまったという経験はだれしもあるものです。一方を立てればもう一方が立たずというような状況は、日常茶飯事です。

**しかし本来、優先順位のわからない仕事などというものは存在しません。**

もしもあなたが仕事の優先順位をすぐに決められないなら、それはつまり「優先順位を決める基準を持っていない」ということです。

大切なのは優先順位を決めることではなく、**「優先順位を決める基準を自分のなかに持っておく」**ということなのです。

たとえば、「急ぎではないが、とても重要だ」という仕事と、「重要ではないが、とても急ぎだ」という仕事があったとき、あなたならどちらを優先するでしょうか。

ある人は「将来重要となるもの」と答えるかもしれません。

また別のある人は「急ぎのもの」と答えるかもしれません。これらは一概にどちらが正しいとはいえません。

会社の方針や本人の考え方にもよるかもしれませんが、その答えの根底にあるものが、優先順位を決める基準です。

**自分の仕事がスムーズに行っているかどうかの目安として、「緊急ではない重要な仕事」が進んでいるかはバロメータになります。**

緊急性の高い仕事を漏れなくこなしながらも、緊急ではないが重要な仕事（たとえば企画の立案など）もちゃんと進んでいたとすれば、問題ないでしょう。

# 時間順に並べるだけでいい

その日のうちにやるべきことが決まっているのに、気分次第でやる順番がバラバラということはないでしょうか。

1日のスケジュールが決まっているなら、仕事に取りかかる前に、**その仕事の順番通りに必要な書類を並べるだけでも効果があります。**必要な書類が万一、行方不明であっても、その時点で気づくことができます。

書類が時間順に並んでさえいれば、やり忘れなどのミスを防げます。必要な書類が時間順に並んでいるだけで、次にやるべき仕事を自然とインプットできます。

この効果は、書類の順序に限りません。その仕事に関連するメモや議事録なども時間順に整理をしておくことで、さらに効果が高まります。

また職場によっては、仕事の指示が書面で行われることもあります。この場合にも、「何時何分に××をやってください」との指示であれば、この書面を処理する時間順に並べておくだけでも仕事の効率が高まります。

記載された指示が時間順に並んでいない場合は、処理する順番に番号を振っておく方法もあります。

ただ、書面に記載された指示を時間順に並べるために、ハサミで切り取っている人を見たことがありますが、これはおすすめしません。

理由は2つあります。1つは、時間順に並べるための手間がかかりすぎること。2つ目は、切り取った大きさが一律ではないために、紛失の原因になるからです。

これらの切れ端をA4用紙にノリで貼りつける方法もありますが、これも手間がかかるので長続きしないでしょう。

**順番をそろえるのに手間がかかると習慣化できなくなります。**書類の重ねる順番を工夫するなど、できるだけ負担の少ない方法を選択するようにしてください。

# 次の仕事の「記憶」を呼び覚ます

ある仕事のあと別の仕事に手をつけるまでのタイムラグは、ミスの発生に直結します。たとえば、次の仕事の間にアラームが鳴るようにしている職場もあります。また、次にやるべき仕事の内容を掲示することで、仕事のミスをなくしている職場もあります。

このように、**次にやる仕事の記憶を呼び覚ます仕組みをつくるだけで、仕事の効率を高め、ミスを減らすことができます。**

別の職場では、やることを週単位、月単位、年単位で一覧表にしています。日単位のものは、その日のタスクを時間順に上から下に並べてあり、右欄には担当者名と注意事項を記載します。

年単位の一覧表なら、年間行事などを一覧表にすべて記載しておくことで余裕をもって準備を進められるようになります。この会社は生産性も大幅に高まりました。

## プラスαのアドバイス

「年間」「月間」「週間」スケジュールには、それぞれ違った効果があります。

【年間スケジュール】

恒例の行事など、意外と忘れやすいスケジュールを1年分まとめて予定しておきます。直前に気がついて慌てることもなくなります。

【月間スケジュール】

1ヶ月のなかでは、仕事が忙しい日とそうでない日が混在します。仕事の重なっている日や比較的空いている日をうまく調整し、仕事の負担を調節できます。

【週間スケジュール】

1週間という時間軸において、なによりも大切なのは仕事の納期です。決められた期日に、仕事が間に合うかどうかを確認しながら予定を組むようにします。

## 流れ作業を続けるときは定期的に止める

似たような作業を続けているとミスをしやすくなります。

人間にとって、同じことを正確に繰り返すことは、じつは難しいこと。気づかないうちに集中力が低下していきます。

そしてもっとも恐ろしいのは、同じ作業を続けている最中に起きたミスは、なかなか気づくことができないという点です。

**ルーチンワークで効率的に仕事を進めたいなら、一定の間隔で、仕事を一度止めることが大切です。**

こうすれば、無意識の状態から意識的な状態へと、あなたの意識を引き戻すことができます。

作業と作業の合間に音楽を流したり、照明を明るくするなど、あなたの意識を意識的な状態へと強制的に引き戻す工夫をすると効果的です。

1つの作業が終わったあとにアラームが鳴るようにすることも、意識的な状態へと引き戻すのを助けてくれます。

さらに一歩進んで、**ルーチンワークそのものを自動化してしまう方法もあります。**もし上手に自動化できれば、仕事の正確さも速さも格段にアップします。

たとえば、Ｅｘｃｅｌの同じ列を転記する仕事であれば、あらかじめ入力式をセルにインプットしておくことで、作業を自動化できます。

もう少し高度なテクニックとしては、マクロ機能でプログラミングをしたり、マクロの自動記録を使うことで、仕事を自動化することもできます。

とはいえ、すぐに自動化できない仕事のほうが多いことと思います。洋服の販売を自動化したいからといって、洋服の自動販売機をつくるということはそう簡単なことではありません。

途中で無意識になってしまいやすい仕事があれば、「一度止める」という工夫をすることが、一番シンプルで効果の高い方法です。

まずは、一度手を休めて、深呼吸してから仕事を再開するようにしましょう。

**プラスαのアドバイス**

人間の脳は、考えなくてもいいことは意識に上らないようになっています。だからこそ、慣れた仕事は無意識でもできます。裏を返せばミスが起きやすいということです。

また、集中している対象には注意が向きやすいですが、それ以外のことには注意が向きません。そのため、大きな仕事の直後に、小さな仕事を入れておくと、やり忘れが起きやすくなってしまいます。

これらの特性をよく理解して、仕事の順序を決めるようにしましょう。

# 強制的に休憩時間を入れる

多くの企業では、昼休み以外にはとくに休憩の時間がとられていません。休憩なんてとれるときにとればいい、とるかどうかは本人次第などという意見も耳にします。

しかし、**休憩を挟んだほうが、明らかに仕事の生産性が高いのです。**筆者のよく知る職場でも、休憩を挟んだ場合と挟まない場合とでは、前者のほうが正確に速く仕事を完了させることができています。

職場によっては、どうしても休憩を挟めないという事情があるかもしれませんが、そのような場合でも、どこかで必ず休憩をとる工夫が必要です。

たとえば私が知る、ある業務処理センターでの例です。

その処理センターでは、全国250箇所の販売店の契約書類などを集約し、データ化する業務を行っていました。作業自体は難しいものではありませんが、とにかく作業量が膨大なため、ランチ休憩の時間をないがしろにして働く人が多く、休んでいる人に厳しい視線を向けがちな職場だったのです。

いま、**この職場では午前と午後に15分の休憩を設けています。**決して長い休憩時間ではありませんが、それでも設けた当初は働く人々から反対の声が上がりました。

「強制的に休憩を挟ませるなど、仕事の効率を犠牲にしている」

「休憩時間にも仕事をしたい人は山ほどいるのだから、本人の意思に任せればいい」

などの意見が挙がったのです。

それでも、この職場では午前と午後に15分間の休憩をとるようにしました（それさえ難しい場合は、例外として、お昼の休憩時間を確実に1時間とらせるようにしました）。

仕事の成果を比べると、明らかな違いが確認できました。仕事にかかる時間が短縮され、ミスや苦情の件数も減ったのです。

いまでは職場の理解も得られ、仕事の特性に応じて5〜10分の休憩を小まめに挟むようにしているそうです。

# 忘れてしまうことを先にやる

あるデータをメールに添付して先方に送ろうと思ったのに、肝心のファイルを添付するのを忘れてしまった……という経験をしたことがある人は多いのではないでしょうか。

これは完全に順序のミスです。

ファイルの添付は多くの人が忘れがちですが、メールの文章を書くのを忘れてしまう人はほとんどいません。であれば、メールを開いたあと、文章を書くより先にファイルを添付する作業をやればいいのです。

あるいは、メールを読んでそのままにし、返信をすっかり忘れてしまっていた……ということもあるでしょう。その場合も、先に返信ウィンドウを開いてしまえばいいのです。

**自分がついつい忘れてしまう作業があるなら、それを先にやりましょう。**この順序をルーチン化することで、うっかり忘れは防ぐことができます。

## マルチタスクをやめる

マルチタスクは仕事のできる人の代名詞のようにもいわれますが、単なる錯覚、勘違い、思い込みです。仕事を同時並行でやるのはもうやめましょう。

たとえば、ある仕事に1時間かかるとします。これが2つなら合計2時間です。2つの仕事を1つずつこなせば、かかる時間は2時間です。

それでは、これらを同時にこなしていったら時間は短縮できるのか？

答えはノーです。むしろ、2時間よりも多く時間がかかる可能性のほうが高いのです。

なぜなら、**2つのことを同時にやるというのは、結局のところ、1つひとつの仕事を細切れに、別々にやっているにすぎないからです。**Aの仕事からBの仕事に切り替えるときにロスが生まれます。

人は1つの物事に集中すれば、ほかの物事に注意を向けにくくなります。

1つの仕事を一度中断して、別の仕事をするのを繰り返せば、当然、ミスをしやすくなります。

**人の脳はもともと1つの物事にしか集中できないようにできています。**

複数の仕事を同時に行っているつもりでも、1つの仕事を少しやって、脳を切り替えてから、また別の仕事を少し進めるということを繰り返しているにすぎません。そのため、この切り替えによって、ますます効率を悪くしてしまう悪循環に陥ってしまうことになります。

これらを解決する方法は極めて簡単です。

1つの仕事に集中すればいいからです。

1日に10個の仕事をしなければならないならば、10個を同時にやろうとしてはいけません。1つずつ順番に、集中して処理していきます。

そうすることで、結果的には、もっとも効率のいい仕事のやり方になります。ミスもなくなり、トータルの時間も節約できます。

# メールは「返事をするもの」と「返事をしないもの」に分ける

**順序を考えるためには、そもそも仕事を分けて考えなければなりません。**たとえば、「自分宛のメッセージの処理」というくくりだけでは、枠が大きすぎてうまく順序づけられないこともあります。

日々やりとりするメール（LINEやFacebookなどを含む）には、単に読めばいいだけのものと、返答をしなければならないものとがあります。これらを同時にやっていることで、気づかない非効率を生んでいます。

そこで、「読めばいいもの」と「返答しなければならないもの」とを分けて処理するようにし、どちらを先に片付けるか順序を考えることが効果的です。

これは実際に、私が指導したある職場で大幅な改善が見られました。

その職場では日々大量のメールが届きます。そこでまずは、メールをタイトルや送信者からざっと判断し、対処が必要と思われるメールは、先に「要処理フォルダ」に仕分けしてしまうのです。

これらのメールに対しては、気分の乗っている時間帯や頭がクリアな時間帯を見計らって、集中的に処理します。

それ以外の単に読めばいいメールなどは、なるべく隙間時間を使って読みます。タイトルや送信者を見ながら読みたい順に読んでいって構いません。

ここで設けているルールは**「届いたメールは、その日のうちにすべて目を通す」**というたった1つだけ。

ですから、読む順序は自分の好みで構いません。ただ、アドバイスとしては、要処理と判断したメールに対しては、細切れの時間ではなく、集中できる時間にまとめて処理するようにします。

このように小さなことでも、塵《ちり》も積もれば山となります。仕事を細かく分けて順序を考えることで、ミスなく効率的に仕事が進められるのです。

【順序のミスを防ぐには……】

・仕事の優先順位を決める基準を自分のなかで決めておく
・必要な書類や資料を取り組む順番に並べておく
・アラームや一覧表などを使い、次にやらなければならない仕事の記憶を呼び覚ます仕組みをつくる
・流れ作業をするときには定期的に仕事をストップする
・自分がついつい忘れてしまうことを先にやるクセをつける
・マルチタスクをやめ、1つずつ片付ける
・仕事を細かく分類し、順序立てる
・メールは「返事をするもの」「返事をしないもの」に分けて取り組む

# 第3章

# 「中断」のミスをなくす

集中力に
ムラがある

人の頼みを
断りきれない

我慢強い、
忍耐強い

こんな人は要注意!

# だれからも話しかけられない時間帯をつくる

せっかく気分が乗っていたのに、電話がかかってきて作業の邪魔をされたということは、だれしも経験があると思います。

大小を問わなければ、どんな仕事も中断の連続です。

**仕事の中断が問題なのは、一度仕事の手を止めることで、どこで中断したのかを思い出せなくなる点です。**

やるべき仕事を1つ飛ばしてしまったり、同じことを2度やってしまったりという余計な手間が発生してしまいます。あるいは、乗っていた気分が戻らなくなり、効率が下がるということもあるでしょう。

そうしたことにならないように、まずは中断の要因を取り除く方法をお伝えします。

たとえば、携帯電話をマナーモードにし、仕事中にメールやＬＩＮＥを確認しないようにする。

こうすれば、電話の着信音で仕事を中断させられたり、メールなどでほかの用件が舞い込んで、仕事を中断させられることを防ぐことができます。

さらには、「この仕事をしているときには声をかけないでほしい」と周囲に宣言しておくこともできます。

「そんなことは言えない」と思ってしまうかもしれませんが、じつはあなたが思っている以上に周囲からの協力は得やすいものです。

ただし、注意点が1つあります。

それは、**いつからいつまで話しかけてはいけないのかをはっきりとさせることです。**

わかりやすい例は、時間帯を区切ること。たとえば、午後1時から1時半までは仕事に集中すると宣言をします。

他人から見て、はっきりと話しかけてはいけない仕事だとわかる場合には、時間帯を区切らず、その仕事の内容を指定するだけでも構いません。

# 中断した箇所にしるしをつける

中断はできるだけ避けるようにしたいものですが、そうはいっても会社組織で働いていていると、なかなかそうもいきません。

どうしても上司から声をかけられたり、電話がかかってきたりして、仕事を中断せざるを得ない事態が発生します。

そこで次に、仕事を中断させるときの対処法を考えましょう。

そもそも、**中断による害は「その仕事をどこで中断したのかを覚えていられない」という点です。**

ひどい場合には、そのことが原因で最初からやり直さなければならない……なんてこともありえます。

であれば、仕事を中断しても、どこで中断したかが一目でわかるような仕事の進め方をしていれば問題ないわけです。

**もっとも簡単な方法は、仕事を中断した箇所に目印をつけること。**

たとえば、パソコンのポップアップ機能にメッセージを残しておくことや、ふせんに次にやるべきことを書いて貼っておくといった方法が考えられます。

**とくに筆者がすすめるのは、スマートフォンによる動画撮影です。**

いま、どこまでの仕事が終わっていて、次にどこから再開しなければならないのかを、仕事の状況を撮影しながら音声と一緒に記録しておくのです。

こうすれば、どこまでの仕事が終わっていて、どこから再開しなければならないのかが一目瞭然です。

仕事を中断してから時間が経ったとしても、正確に仕事を再開できるようになります。

# あらゆる仕事を3つの状態に分けて管理する

仕事の量が増えると、どの仕事がどの段階まで進んでいるかわかりにくくなります。

「せっかく仕事を期限通りに終わらせたのに、最後の承認を取り忘れてしまった」

「一時保留にしていたつもりが、いつの間にか期限を過ぎてしまった」

などということが実際によく起きます。

これらは、「仕事の進捗状況を正確に把握できていない」ことが原因です。

筆者は、仕事を**「処理待ち」「処理中」「一時保留」**の3つに分けて管理しています。どの仕事も、最初はすべてが「処理待ち」です。いくつかが「処理中」に変わります。

処理中の仕事は、一度中断するなら、「一時保留」に入れます。また、完了した仕事でも、だれかの承認をとらなければならないものは、「処理中」に残しておきます。

すべての仕事は、これらの段階を経て、「完了」となるのです。

# 進捗状況を社内で共有する

仕事の進捗状況を目で見てわかる状態にするのは、できれば社内で統一ルールをつくって画一化させましょう。

筆者の知るある職場では、だれが何件の「処理待ち」を抱えているのかをつねに把握するようにしています。

処理待ちの件数が増えるということは、単に仕事の期限に赤信号が灯るだけではなく、もしかしたらそのメンバーになにか不調があるのかもしれません。

これらをウォッチしていくことで、メンバーの心のケアも含めて早めの対応ができるようになったといいます。

また、**「一時保留」に仕事がたまっている場合には、なぜ保留になっているのかを定期的に確認する**ようにしています。

これによって、なにか困っていたり、悩んでいる場合でも、早めに相談がしやすい職場にしていくことができます。

そうすれば、一時保留に滞留している仕事の件数も減り、協力し合って仕事を進められる職場へと変わります。

筆者の知るある職場では、「承認待ち」が多いというのも、かつては悩みの種だったといいます。

「早く承認してほしい」とは、上司には言い出しにくいものです。

しかし、少なくとも**「承認待ち」の件数が明らかになったことで、部下がなにもいわなくても、上司が承認待ち件数を減らす努力をするようになった**といいます。

## シンプルだけど役に立つチェックリストの威力

中断のミスを防ぐために効果的なのがチェックリストです。

チェックリストと聞いただけで拒否反応を示す人がいるかもしれません。しかしチェックリストは難しいものでも、面倒くさいものでもありません。

たとえば、気を配らなければならない項目を、

「1．××」

「2．××」

「3．××」

と紙に書き出しておくだけでも効果があります。

自分の頭のなかでは注意を向けることができなくても、紙に書いてある項目を目にすれば、意識をそちらに振り向けることができるようになるからです。

**チェックリストのよいところは、項目をチェックしていくだけで、必要な確認作業を漏れなく行うことができることです。**

また、その項目通りに仕事をすれば、とくに意識しなくても、正確に仕事を完了させることができるようになります。

傾けることのできる注意力が限られる場合には、チェックリストを用いることで、少ない注意力でも、正確に速く仕事をすることができるようになります。

**プラスαのアドバイス**

確認作業は大変重要です。しかし確認作業のやり方によっては、抜け漏れや見落としが出てしまうものです。確認作業のときは、逆さまからチェックすると、違った視点で確認ができます。たとえば、チェックリストの1~10を確認したら、もう一度、今度は逆さまの10~1の順番で確認をします。そうすると、思いも寄らない見落としや間違いが見つかることがあります。

# 仕事のルーチン化という知的作業

チェックリストと併せて、少ない注意力でも効率的に仕事をこなして、中断のミスを防ぐことができる方法が「ルーチンワーク化」です。

**普段の仕事をルーチンワークという1つの型に落とし込むことができれば、注意力と記憶力を無駄にせずに、仕事を正確に速くこなすことができます**（ただし、第2章で述べた通り、同じ作業を繰り返すとミスを生む原因となるので、小まめに休憩を挟むなど、完全に無意識な流れ作業とならないように注意が必要です）。

自分の仕事をルーチン化するには、仕事の手順を明確にしておく必要があります。

**仕事をルーチン化することは、とても知的で生産的な仕事です。**一度ルーチン化した仕事は、疲れた状態でも、正確に速くこなすことができます。

【中断のミスを防ぐには……】

・携帯電話をオフにするなど、自分の仕事が中断しかねない要素を排除しておく
・「集中したいので、●時〜●時まで声をかけないでほしい」などと周囲に宣言する
・仕事を中断する場合は、自分がどこまで進めていたかわかるようにふせんなどでしるしをつける
・自分がどこまで、どうやって作業していたかわかるように、スマートフォンを使って動画を撮影しておく
・自分の仕事を「処理待ち」「処理中」「一時保留」などに分け、それぞれの仕事の進捗状況を把握できるようにする
・同じ場所で働いているほかの人の仕事の進捗も確認できるようにする
・簡単でいいのでチェックリストをつくり、紙に書き出しておく
・自分の仕事内容を整理し、ルーチン化しておく

# 第4章

# 「環境」のミスをなくす

デスクが汚い

服装がだらしない

ボーっとしていることが多い

こんな人は要注意!

# 視覚や聴覚を刺激しつつ働く

もし、台所に白い粉末が入ったビンが2つ並んでいるだけだったら、どちらが塩で、どちらが砂糖か、すぐに判別できませんよね。

これと同じように、書類などを入れるファイルがすべて同じ色で、なにも書かれていなかったら、自分がほしい書類がどこに入っているのかを探すのに時間がかかってしまいます。もちろん、別のものを渡してしまうようなミスも起こります。

あなたがどれだけ高い能力を持っていても、周りの環境によってミスの発生率は大きく変わります。自分の意識や行動を変えるだけではなく、自分の働く環境も一緒に変える必要があるのです。

**とくに注意しなければならないのは視覚や聴覚への刺激の強さです。**

目や耳への刺激が弱ければ、仕事のミスも起きやすくなります。

# トイレのマークにはなぜ色があるのか

トイレのマークは普通、男性用が青く、女性用が赤くなっています。もし、これを逆にしたら、多くの人が間違えて入ってしまうはずです。

**色は文字や記号よりも強く人間の視覚に訴えかける力を持っています。この色の力を活用しない手はありません。**

職場全体で使われるものを変えることは難しいかもしれませんが、自分のデスクの上、パソコンの周辺にあるものの色使いを変えるだけでも、仕事の効率に変化が現れます。

たとえば、緊急の仕事は赤いふせんに書き、そうでないものは青いふせんに書く。

たとえば、仕掛かり中の書類は黄色いファイルに入れて、上司の承認がとれたら青いファイルに入れる。

こんなふうに、色と意味を組み合わせることで、パッと見ただけですぐにその仕事の重要度や緊急度を判断することができます。

ちなみに、色の使い方にはとくに決まりはありません。どの色がどんな意味を持っているのが一番しっくりくるかは、個々人によって差があります。目につく色も、人によってバラバラです。自分に合った色を使いましょう。

**環境のミスをなくす上では、この「感覚に合っているかどうか」という基準は重要です。**

具体的な環境のつくり方よりも、自分のやりやすい感覚とマッチしているかどうかを優先させてください。

**プラスαのアドバイス**

スケジュール管理も色分けで効率化できます。たとえば赤のマーカーは「動かせない予定」、オレンジは「社内予定」、青は「社外予定」、黄色は「プライベート予定」、マーカーなしは「予定が未確定」のようにします。こうすることで、自分の予定を視覚的に把握できます。好みの蛍光ペンで色分けをするといいでしょう。

## なにを捨てるかより大切な「捨てる基準」

意識して整理しなければ、モノは溜まる一方です。あなたのデスクや引き出しにも、山に埋もれている書類はないでしょうか。

モノは自然に溜まっていきますし、自然に散らかってしまいます。

とくにデスクワークの人の場合、書類はほうっておくとどんどん溜まってしまいます。かといって処分しようと思っても、「もしかしたらあとで必要になるかもしれない」という思いがよぎって、なかなか実行できません。

**ここで重要なのは、捨てるものの基準を明確にすることです。**

ある職場では、書類の種類によって、破棄する基準を決めました。具体的には、「5年破棄」「1年破棄」「1ヶ月破棄」です。

破棄する基準を決めておけば、保管日からの経過日数の確認だけで判断できます。期限を過ぎていれば、迷わずに捨てればいいということになります。

こうすることで、保管する時点で捨てる期日を決められます。あらかじめ「破棄日」を記入して保管するといいでしょう。

これ以外にも、「未使用の期間が1年以上のものは捨てる」などの基準も考えられます。ただ、これはあまりいい基準ではありません。というのも、「いつから未使用なのか」という判断ができないからです。

**基準をつくる際には、できるだけ個々人が判断する余地を残さないようにすることが肝要です。**そうすれば、機械的にモノを減らすことができます。

あるいは、絵を活用する方法もあります。

たとえば社内の資料置き場などで、コンピューター系のものにはパソコンの絵を、契約書関係にはノートの絵をつけるなどします。

文字だけよりも視認性がはるかに高くなります。

文字、色、絵、写真などをうまく組み合わせて、一番わかりやすいラベリングを試してみましょう。仕事の効率も自然と高まり、気持ちよく仕事ができる環境が整います。

# AとかBとかはもうやめる

あなたの身の回りには、見ただけでは意味のわからないものはないでしょうか。たとえば、A会議やB会議、スイッチ1やスイッチ2などというものです。

**一目見て意味を理解できないものは、知らないうちにあなたの仕事の効率を落とし、ミスを生み出す原因となっています。**これらを意味のわかりやすい名前に変えるだけで、仕事の効率を高めることができます。

たとえばちょっと稚拙に思えるかもしれませんが、会議室に動物や花の名前をつけて、そのイラストと一緒に表示してあるほうが判別しやすいですよね。

このようなことはモノに限りません。

たとえば筆者の経験では、営業会議の名称を「売上促進会議」としただけで、会議の議題も具体的となり、簡潔に短時間で終わるようになった例があります。

しかし一方で、このような取り組みを提案すると反論もよく受けます。

その人たちの言い分は「これまで意味が通じてきたのだから、いまのままでいいではないか」というものです。

しかし、**いま間違いが起きていないということは、将来にわたって間違いが起きないということを保証するものではありません。**

もしかしたら、意味が通じているように見えるのは、単なる偶然かもしれません。互いに同じ認識だと思い込んでいるだけで、じつは互いに誤解しているかもしれないのです。

**プラスαのアドバイス**

ある職場では、笑顔マークのついたクリアファイルを上司の承認用に使用したところ、以前よりも承認がスムーズに進むようになったといいます。効果のほどは定かではありませんが、視覚イメージを利用することで話を進めやすくする効能もあるかもしれませんね。

## 刺激は持続させることに意味がある

筆者は朝、1回の目覚ましアラームだけでは起きられないことがあります。読者のなかにも、アラームを無意識に止めて二度寝してしまう人もいるのではないでしょうか。

なぜこのようなことが起きるのか。

**せっかく強い刺激があるにもかかわらず、その刺激が継続しないからです。**

このような例は、職場での連絡などでも起きます。たとえば、あなたが「×月×日×時までに××してください」と伝えたとします。

これだけで、その仕事が間違いなく実行してもらえる自信はどの程度あるでしょうか。おそらく「相手がやり忘れないだろうか」という不安が残るでしょう。

もう少し突っ込んで考えてみましょう。なぜ、相手がやり忘れるかもしれないと思うのでしょうか。

それは先程の目覚まし時計と同じです。一度アラームが鳴っても、そのまま布団のなかにいるかもしれないからです。

起きる時間に確実に起きてもらうようにはどのようにしたらいいでしょうか。アラームを何度か鳴らせばいいのです。

仕事の依頼も同じです。**期日の前日に、「明日は××をお願いします」とリマインドします。**

さらに当日も「×時には××をお願いします」とリマインドします。そして、時間になったら「××が完了したら知らせてください」とリマインドします。

ここまでしておけばやり忘れることはないでしょう。さらには、大切な仕事と強く認識してくれるかもしれません。

# やめてほしい行動は最初からできなくすればいい

読者の皆さんも、「立ち入り禁止」などの看板を目にしたことがあるのではないでしょうか。

しかし、これはあまり効果的な方法ではありません。

なぜなら、「立ち入り禁止」と書いてあっても、実際には立ち入ることができてしまうからです。

ショートカットしたいというのは、元来の人間の性分といえるかもしれません。自動車が走っていなければ赤信号であってもついつい横断をしてしまうことと同じ理屈です。

**こういう場合は制約をつくって、そもそもその行動ができないような仕組みをつくるしかありません。**

ある職場では、対面での衝突事故の多かった通路を完全に封鎖しました。

これまでも立て看板で「対面注意！」などと掲示していましたが、事故が減らなかったからです。

この通路を通ると会議室に近いのですが、通路が狭い上に直角の曲がり通路があるために、慌てているとどうしても対面で衝突をしてしまうのです。

ゆっくり進めばいいのですが、慌てている人ほどこの通路を通るわけですから、そのようなことを言ってみたところで、まったく効果はありません。

通路を完全に封鎖する対応は、刺激を継続する以上に大きな効果を発揮します。その結果、この通路での衝突事故は一度も起きていないといいます。

工事現場も同じような対処がなされています。工事関係者以外は立ち入ることができないようになっています。

上手に制約をつくると、二度とそのミスが起きないだけでなく、安心して仕事を進めることができるようになります。

# 戻す場所に目印をつける

環境のミスをなくすためには、一度取り出したものを元の場所に戻せることも大切です。**元あった場所に正確に戻せるようにするもっとも簡単な方法は、探し出すものにつけた目印と同じ目印を、保管する場所にもつけておくことです。**

たとえば赤のファイルなら、保管する棚も赤にしておきます（または赤のシールを貼っておきます）。こうすることで、ファイルの紛失を防げます。

収納されているべき場所にファイルがなければ、だれが見ても「持ち出し中」だとわかります。

そこにあるべき書類はどこにいったのかと、だれもが探す習慣を持つでしょう。

この仕組みをつくると、仕事の進捗もわかりやすくなります。書類と棚の目印を一致させるだけでも、助け合える職場風土へ変えることができます。

【環境のミスを防ぐには……】

・五感を刺激して仕事をする
・色と意味をひもづけることで、視覚的に仕事の状態や重要度をわかりやすくする
・客観的にハッキリした基準を決めて、モノを捨てていく
・AやBなど機械的な名前ではなく、目的をはっきりさせたラベリングをする
・いま問題が起きていないからといって不具合をそのままにしておかない
・刺激やリマインドを継続させる
・問題を起こしそうな行為をそもそも物理的にできないようにする
・色を合わせるなど、戻すべき場所が一目でわかるようにしておく

# 第5章

# 「記憶」のミスをなくす

こんな人は要注意!

マイペース

おおらかで細かいことを気にしない

面倒くさがりで、仕事が雑

# 人の記憶ほど当てにならないものはない

人間の記憶はとても曖昧です。

覚えていると思っていることでも、それが本当に正しいかを保証することはできません。

このことを示す有名な実験に、エビングハウスの忘却曲線があります。

「子音・母音・子音」などの意味のない3文字のつづり（「MUY」「DOV」のようなもの）を暗記させ、一定時間後にどの程度思い出せるかを実験した結果をまとめたものです。

この実験は学習直後にほぼ100％覚えていたものが、約20分後には半分近くが失われている結果を示しています。

**連絡事項や注意事項をうっかり忘れるなどのミスは、この記憶の曖昧さが引き起こしています。**

具体的には、「やり忘れてしまった」「ほかに気をとられてしまった」「自分ではやったと思っていた」などです。

このようなミスは取り返しのつかない重大な事態となる危険性があるだけではなく、あなたの会社やあなた自身の信頼を損なうこともあります。

このミスを防ぐためには、しっかりと正確な記憶を引き出せる工夫をしておくことが必要です。

# なにかを覚える時間を限りなくゼロに近づける

人間の記憶は曖昧です。そうであれば解決方法は簡単で、なるべく記憶力に頼らずにできる方法にすればいいのです。

すぐに思い出せない、頭が真っ白になってしまったなどの経験はだれしもしたことがあるのではないでしょうか。

いま確実にやらなければならないのに思い出せない、数秒前までは覚えていたはずなのに思い出せない……このような状況に陥ってしまうと、追いつめられて正確な判断ができなくなってしまいます。

**なにかを記憶してから仕事をする場合には、可能な限り20分以内に仕事が完了するようにしなければなりません。**

先のエビングハウスの忘却曲線からも20分以上経過すると多くの記憶が失われることが

わかっているからです。

たとえば、機器を購入したあとの修理を請け負うあるカスタマーセンターでは、次のような業務プロセスを踏んでいました。

1. 故障内容をヒアリングし、出張の希望日時を聞く
2. 故障内容と出張希望日をシステム登録する
3. 工事店に、お客様の希望日に出張可能かを電話で確認する
4. 出張可能な工事店が決まったら依頼伝票を発行する
5. 会社のシステムに工事店決定の登録をする

ここでは、人によってお客様との電話を切ってからシステム登録をするまでにタイムラグがあることが問題でした。電話で聞いた内容をシステム登録する際に、頻繁《ひんぱん》に間違いが起きたのです。

この場合の原因は、個々人の記憶力、記憶方法に一任していたことです。

そこで、システムに登録する項目を印字したメモ用紙を手元に置き、電話を受けながら記入するようにしました。

このメモ用紙の下段には一連の業務フローを印字し、さらにミスを防ぐようになっています。

**なにかを覚えていなければならない時間は、可能な限りゼロに近づけなければなりません。**記憶しておかなければならない時間がゼロに近ければ近いほど、記憶の忘却によるミスをなくすことができます。

このことからも明白なことですが、**仕事は絶対に後回しにしてはいけません**（時間を確保して集中してやるなどとはっきり決めた仕事は別です）。

無計画に仕事を後回しにすれば、その瞬間から仕事の効率は悪くなっていきます。「仕事は、即実行」が原則です。

その場で片付ける習慣を持ちましょう。

# 一覧表をつくる

膨大な情報を記憶しなければできない種類の仕事も世の中にはあります。

このような仕事は、人間の記憶力に頼って仕事を進めているために、必ず一定の頻度でミスが起きます。これが人間の記憶力に頼ることの限界です。

たとえば、100種類以上の商品名とその取引先を覚えていなければできない仕事があるとします。

これでは、すべて覚えて仕事ができるようになるまでに、相当の時間がかかってしまいますね。これは場当たり的な仕事のやり方の典型であり、決して正しい仕事の進め方とはいえません。

このようなケースでは、**商品名と取引先名を一覧表にして掲示するなどの対処が必要です。**すでに頭のなかに入っているとしても、不安なときにはすぐに参照できる状態にしておかなければなりません。

新人であれば、最初は仕事の速度は遅くなりますが、掲示を確認しながら仕事を覚えていくほうが効率的でしょう。慣れてくれば、一覧表を一瞥《いちべつ》しただけで正しい答えを導き出せるようになります。

すべて暗記するのに比べたら、はるかに短時間で済みますし、すべて記憶している人と比べても仕事の速さはほとんど変わりません。

**プラスαのアドバイス**

一覧表をつくっておくことは、プライベートで忘れ物をしないようにする目的にも応用できます。たとえば、「出張用」「旅行用」などの持ちもののリストをあらかじめつくっておけば、急ぎでも忘れ物をなくすことができます。

# 記憶はみんなで共有しておく

案外、自身の記憶を頼りにして行っている仕事は多いものです。しかし、人間の記憶は曖昧であるために、簡単に間違いをしてしまいます。

だからといって、記憶力を鍛えましょうということではありません。もしあなたの記憶力が2倍になったとしても、記憶を頼りに仕事をしている以上は同じ間違いを繰り返しますから、意味がありません。

そこで有効な方法は、**ほかの人の記憶も頼りにしてしまうという方法です。**自分1人でなんでも記憶しようとするから忘れてしまうことも増えるわけで、情報をこまめに共有して、同僚などの記憶力にも助けてもらえばいいのです。

仕事の期限は絶対に守らなければならないことは先にも述べたとおりです。

そこで、ある職場では、仕事の期限を決して忘れることのないように対策を打ちました。

期日のあるものは、職場の全員で相互に確認をし合うというものです。仕事の期限は、職場の全員が閲覧可能なウェブの掲示板に登録するようにしました。

仮に担当者が休みであったとしても、全員が仕事の期日を確認できる仕組みにしたのです。そして、その期日が近づいてくると、「1週間前」と「3日前」と「当日」に、それぞれアラートが表示されるように工夫をしました。

期日が先の仕事はつい後回しにしてしまうこともあるでしょう。

しかし、さすがに1週間前にもなると、そろそろやらなければという思いも出てきます。もし忘れていたとしても、アラートで思い出すことができます。

3日前にもなれば、仕事を完了させるために、あとどんな作業をしなければならないかを明らかにしなければならなくなります。

そして当日には、その仕事が本当に完了しているのかどうか、納品先があれば確実に納品できているのかどうかを確認できるようにしました。

いまの時代、このような仕組みそのものは簡単にできてしまいます。たとえば**Googleカレンダーでスケジュールを共有したり、グループチャットサービスで関係者を全員**

**グループにしておく**などの方法です。

本当にこんな簡単な仕組みで仕事の効率が上がるのか、と思う読者もいるかもしれません。しかし、複数の目でお互いの仕事に目を配るということは、想像以上に大きな仕事力のアップをもたらすものなのです。

**プラスαのアドバイス**

必要な持ち物を必要なシチュエーションごとに、ポーチなどに入れておくと忘れ物がなくなります。筆者の知る職場でも効果をあげています。たとえば、「会議用」「外出用」「食事用」などのように、必要なツールをひとまとめにしておきます。中身のわかるネームも貼っておくといいでしょう。その用件が来たときには、ポーチをまるごと持ち出すだけで忘れ物はなくなります。

# 情報に語りかけてもらう

ノートに書き込んだ内容を、あなたはいつまで覚えていることができるでしょうか。そして、果たして必要なときに必要な情報を引き出すことができるでしょうか。

ノートをとることは大切ですが、問題は、あなたがノートを見返さない限り、その情報はないのと同じということです。記載された情報のほうから、あなたに語りかけてくれることはありません。

スケジュール管理でも同じことがいえます。スケジュール帳に予定を書き込んだからといって、その予定を絶対に忘れないわけではありません。紙に書き込んだだけでは、その情報はあなたに語りかけてはくれないからです。

しかし、これは逆に考えれば、**スケジュール帳から語りかけてくれる仕組みをつくれば、この問題は解決する**ということになります。現代では簡単につくることができます。

たとえば、パソコンやスマートフォンなどのアラームや、ポップアップ機能をうまく使いましょう。**仕事中に離席していても思い出せるように、予定時刻になったらスマートフォンに通知が届く機能**なども便利に使うことができます。

やや極端な例ですが、目覚まし時計のアラームをセットするだけで仕事の効率を高めた職場があります。

この職場では、別の部署からＦＡＸで送られてくる連絡に基づいて、決められた時間に決められた仕事をしなければならないことになっていました。

しかし、いくらＦＡＸをしっかりと受け取っても、どうしても仕事のやり忘れが起きていました。

とくに、連絡を受けてから数時間経ってからの仕事となると、その時間を正確に覚えられず、やり忘れにつながっていたのです。スケジュール欄にメモは残したものの、それだけで確実に実行できるというわけではありません。

そこで、この職場では、指定作業のＦＡＸを受け取った場合には、その指示された時刻に目覚まし時計のアラームをセットするようにしたのです（非常にアナログですが、これだけでも効果がありました）。

最初は、このようなことでミスがなくなるのかとの反発も多かったといいますが、やってみれば効果はてきめんで、あっという間にやり忘れはゼロになったといいます。

職場でいきなり目覚まし時計のアラームが鳴れば、なにが起こったのかと全員がアラームに意識を向けます。

それだけで、だれかがなにかをやらなければならない合図だとわかります。

この職場では、**アラームが鳴ったときには、対象の作業をする担当者が手を挙げて、「××をやります」と宣言する**ことになっています。そして、職場の長がＦＡＸの連絡票の内容と照らし合わせた上で、作業内容と時刻を確認するのです。

たったこれだけのことでもミスはゼロとなり、以前よりもはるかに仕事の効率が高まりました。

このように自動的に記憶を呼び覚ます仕組みをつくっておくことで、あなたの仕事力を高めることができます。

## ミニミーティングをやってみる

目覚まし時計はだれでも使えるツールですが、やるべきことのある時刻が増えてきたらどうするのかとの疑問もあるでしょう。パソコンやスマホを使ったポップアップやメッセージ機能は便利になってきていますが、だれもが使いこなせるわけではありません。

そこで、ある職場では、仕事のやり忘れをなくすために、**その日にやるべきことを、あらかじめ決めた時刻に全員で確認するという方法**をとりました。

そのため、10時、12時、14時、17時などと時間を決め、ミニミーティングをやることにしたのです。このとき、みんなで集まってやるべき仕事を確認します。

これまでにやり忘れている仕事はないか、これからやるべき仕事で把握されていないものはないかなどを全員の目で確認していくのです。

このくらいの頻度で確認すれば、万一やり忘れが見つかったとしても、なんとか挽回できるといいます。単純ですが、非常に大きな成果をあげている方法です。

そして、このやり方には、もう1つ別の効果もあります。**管理者でなくても、スケジュール感覚やマネジメント能力が自然と身につく**ということです。

ほかの人がどういうペースで、どのような順番で仕事を進めているのかがわかるので、OJTのように学ぶことができるわけです。

決められた時刻に、すぐにやらなくてもいい仕事にまで強制的に目を向けることで、その日1日のスケジュール感覚が飛躍的に向上します。自然と仕事の段取りをもっと効率的にしようとの意識も高まるのです。

さらに、組織という視点で見てみますと、**職場全員でやり忘れがないかを確認するために、いつの間にか職場の一体感も生まれます。**これまで会話のなかった同僚とも会話が生まれるようになったといいます。

日常生活に当てはめてみても、1日のなかで定期的に内容を確認しておくほうが、効率的に作業を進められるものも多くあるのではないでしょうか。

## 名前を覚えるときのコツ

名前を覚えるということは、相手に対して「あなたを大切に思っています」というメッセージを送ることです。

また**名前を覚えていないこと、相手の名前を間違えることで不用意なミスを招いたり、相手の名前を調べたりする余計な手間を生んだりする原因になります。**

そこで、相手の名前を覚えるテクニックを紹介します。

理屈は簡単です。人は覚えたことを何度かアウトプットするだけで、飛躍的に忘れにくくなります。この特性を利用するのです。

一番簡単なのは、初めて会った相手の名前をその場で何度も呼ぶ方法です。声に出して相手の名前を何度も口にすることで、自分の記憶に刻まれていきます。

さらにコミュニケーション上の心理として、名前を呼ぶことで好感を持ってもらいやすくなるので一石二鳥です。

しかし、ここで終わってはいけません。

人の記憶は弱いものなので、これだけでは数日後には忘れます。**就寝前の時間に、落ち着いてその日新しく出会った人物を思い出すようにしましょう。**

記憶は寝ている間に定着するといわれていますから、このようにしていくと、相手の名前を記憶に定着させていくことができるようになります。

**プラスαのアドバイス**

相手の所属や役職を間違えるというミスもよく起きます。このようなミスをなくすためには、なるべく「限定しない」ようにします。たとえば、「××課長」や「××部長」とは呼ばずに、「××様」に統一するのです。

このような敬称が許されない場面もあるかもしれませんが、限定しなければミスもなくなります。

## メモは紙に書かなくてもいい

記憶に残すためのツールとして、もっとも簡便で効果の高い方法がメモです。

しかし、メモをどのようにとったらいいのか、なにを書いたらいいのかがわからないという方も多いでしょう。

でも心配はいりません。

ここでは、とてもシンプルで、効果的なメモのとり方を紹介します。

まず、メモは必ずしも紙にとる必要はありません。この固定観念にとらわれている人がたくさんいます。

メモをとりにくくしているもっとも大きな原因は、メモを紙に書かなければならないという思い込みです。

さらには、わかりやすく、整理して書かなければならないという思い込みです。しかし、いまでは、スマホの音声入力や、ボイスレコーダーを使って話しかけるだけで、記録しておくこともできます。

**メモで大切となるポイントは、あなたの記憶に負担をかけずに（脳にストレスをかけずに）、必要な記憶を引き出せる状態にしておくことです。**

できる限り覚えなければならない内容を減らし、ポイントをしぼっての記録を残しておくようにします。

このようにするだけで、あなたの記憶違いや、物忘れを大幅に減らすことができます。

これらを実行すれば、仕事を速く正確にこなすことができるようになります。

# 書いたことを学びに変えるメモの3つの要素

メモをとることは単純にミスを減らしたり、仕事を効率化させるだけではありません。メモをうまく活用すれば、学びや成長の機会を得て、自分をスキルアップさせることに役立ちます。

そこで、自己成長のためのメモのとり方もお伝えしておきます。

メモに書くことはこの３つです。

**①なにを感じたのか？**

**②そこからなにを学んだのか？**

**③そこにはどのような法則性があるのか？**

これまでメモをする習慣のなかった人は、いきなり3つを書く必要はありません。感銘を受けた相手の言葉や、自分が感じたことをそのままメモするだけでOKです。

少し慣れてきたら、そこからなにを学んだのかも書くようにします。

最後の「法則性」は少し難しくなりますが、ここまで自分のなかで整理できれば、あなたの判断力も行動力も格段に向上し、仕事の成果も高まっていきます。

**実際に、ある職場でこれら3つのことをメモに書く習慣を持つよう指導したところ、仕事への気づきが大幅に増え、さらに、互いの気づきを共有するようになっていきました。**

とくに求めたわけではありませんが、どうやら互いに共有をすることで、③の法則性に気づきやすくなったようです。

いずれにしても、これら3つをメモに残すようにしたところ、これまでよりも仕事を正確に、速く、上手に進める方法を見つけることができるようになっています。

しかし、それでもなかなかメモがとれないという読者もいるかもしれません。

そのような場合には、**その日の終わりに、自分宛に手紙を書いてみるようにしてみまし**

**よう。**

どのような内容でも構いませんが、「今日はこんなことがありました」と日記風に書くのがいいと思います。

たとえば、「今日は××に行きました」「××さんに会いました」「××がありました」と書いていくだけです。

しかし、これは手紙ですから、これだけでは終われないのではないでしょうか。そうであれば、できれば感想も添えてみるようにしましょう。

これは、

「①なにを感じたのか？」

「②そこからなにを学んだのか？」

のトレーニングになります。

意識して①と②ができるようになれば、おのずと③もできる能力が身についていきます。

【記憶のミスを防ぐには……】

・自分の記憶を当てにせず、できるだけ記憶力に頼らない仕組みをつくる
・記憶が必要な仕事は基本的に20分以内に完了させる。仕事を後回しにしない
・仕事に関して覚えるべきことは一覧表にして貼り出しておく
・こまめに仕事の進捗を同僚の人たちと共有し、ほかの人の記憶力も頼りにする
・ノートや手帳に書いたスケジュールやタスクはアラーム機能などを使う
・時間を決めて日に何回か社内で集まり、仕事の進捗ややることを共有しておく
・相手の名前をできれば記憶しておく
・メモは自分の記憶力の負担にならないよう、スマホや音声入力などを使う
・学びになりそうな出来事については「自分が感じたこと」「学んだこと」「そこから導き出せる法則性」をメモし、共有する
・その日の終わりに自分宛の手紙を書いてみる

# 第6章

# 「目標設定」のミスをなくす

大風呂敷を広げがち

他人の視線をかなり気にする

プライドが高くて言い訳が多い

こんな人は要注意!

# 目標とは自分自身に対する許可である

あなたには、仕事でなにをしたらいいのかがわからないという経験はないでしょうか。どこに向かったらいいのか、いまなにをするべきなのかわからない。これらははっきりとした目標がないために起きるものです。

**目標がはっきりしていないと、的外れな方向に時間と労力をかけ、やり直しになって時間が足りなくなり、ミスを生む要因となります。**

仕事をするときにはっきりとした目標と照らし合わせることができれば、これらの問題は解決します。

自分の向かっている方向が、目標と合っているかどうかを自分で判断できるからです。

目標が明確な人には迷いがありません。

意思決定もスピーディに行えます。

迷いなく必要な選択肢を選べるということは、あなたの生産性を飛躍的に高めることにもつながります。

あなたが幸せな人生を送るためには、「目標」がいかに大切であるかを、ここで理解してもらえればと思います。

では「目標」とはなんでしょうか。

**目標とはあなた自身への許可なのです。**

**あなたは自分に対して、それを達成することを許可するのです。**

目標は決して、強制ではありません。

目標を決めることとは、あなたが持っている権利です。あなたの権利として、目標を達成することを自分に認めるのです。

あなたがしっかりとした目標を定めれば、たとえそれを邪魔するものが現れたとしても、あなたが目標を達成するための行動を、自分に対して許可できるようになります。

たとえば試験勉強をイメージしてみましょう。

あなたがこの試験に合格するとの目標を立てることは、試験に合格することをあなた自身に許可するのです。

では、ここでもし、試験勉強を邪魔する友人が現れたら、どのように対処するべきでしょうか。

あなたは目標を達成するために、友人からの誘いを断るという行動を自分に許可します。

申し訳ない気持ちになるかもしれません。

人付き合いが悪いと思われたくないかもしれません。

しかし、目標はあなたへの許可なのですから、あなたが目標を達成するために必要な行動も、あなた自身が許可すればいいだけです。

このように考えて目標を決めることで、いままでは見えなかった選択肢もはっきりと見えるようになるはずです。

## 「なにを目標としない」かを決める

目標の立て方で大切なことは、達成するべき目標を立てることではありません。じつは、**「なにを目標としない」かを決めることのほうが大切な場合が多いのです。**

なぜならば、世の中のたいていの物事は、トレードオフの関係にあるからです。つまり、「一方を立てれば、もう一方が立たない」ということです。

なにかを達成するためには、なにかを犠牲にしなければなりません。

なにを目指して、なにを目指さないのかを、最初にはっきりさせておかなければならないのです。

たとえば、「上司から頼まれた仕事をすべてやろうとしたら、プライベートの時間がなくなってしまった」という話はよく聞きます。

これは、「任された仕事を処理する」という目標ばかりに目が向いていて、「なにをやらないか」についてきちんと決めていなかったことが原因です。

曖昧にせずに、「上司の求める水準を達成するためには、プライベートの時間を持つことは目標としない」とはっきり決めておけば、そもそもこのような問題は起きません。

あるいは、

「上司から任された仕事であっても、やりきれない仕事はきっぱりと断る。頼まれた仕事をすべてやりきることは目標としない」

と決めていれば、この目標と合う行動がとれたはずです。


これはどの目標がいいか悪いかという問題ではありません。目標の良し悪しはその人の生き方に関わる部分です。

**最悪なのは後悔することです。**

「自分の時間がなくなってしまった」

「もっとプライベートの時間を充実させたかった」

などと後悔するのは、「なにを目標としないか」を決めていなかったことに原因があります。

これは職場全体としての目標の立て方にも当てはまります。

たとえば、「休憩時間以外は仕事に集中して生産性を高める」との目標を立てたとします。しかし、当然、「職場でのコミュニケーションが悪くなった」「社員同士が雑談する姿を見なくなった」といった問題が起きることもありえるでしょう。

このような場合にも、「生産性を高めるためには、雑談の時間はゼロになってもいい」などと、はじめから犠牲にすることを決めておけば、問題は起きません。

このことは、目標をスムーズに達成するためにも、とても大切なことです。

# あえて顧客満足度を高めない

やらないことを決めるには、そもそも、いま抱えている仕事すべてが本当にやらなければならないものであるかどうかを考える必要があります。

ある職場では、**「会議の議事録は作成するが、テープ起こしはしない」**と決めて無駄な仕事をなくしました。

この職場では、議事録には、「概要」「決定事項」「宿題」の3つしか書かないことにしていました。これによってテープ起こしに半日以上かけていたものが、わずか1時間で終わるようになりました。

同様の例として、あるコールセンターでは、顧客からの問い合わせの「対応時間を短くする」との目標を立てていました。

しかし、この目標を達成するためには、顧客の話に親身に耳を傾けたり、顧客の質問に答える以外にも必要な情報提供をしたりする対応ができなくなります。その結果、顧客の満足度は低下することが予想されます。

そのため、このコールセンターでは**「顧客の満足度を高めることは目指さない」**と決めました。

あくまでも聞かれた質問に答えることを最重要の仕事と位置づけたのです。聞かれた質問に簡潔に答えることによって、仕事の効率を大幅に高めることができました。

一見すると「満足度を高めることは目指さない」というのは、品質を低下させてしまいそうです。しかし結果として、このコールセンターは顧客の満足度が高まることはなかったものの、満足度が下がることもありませんでした。

もし「やらないこと」を決めていなかったとしたら、「顧客満足度を高めながら効率的に対応しろ」という無理難題をスタッフに押しつけることになり、どちらも成果が出ない状態になっていたかもしれません。

やらないことを先に決めるということは、本当に大切なことを決めるための重要なステップの1つなのです。

# 目標とスローガンの違い

目標とスローガンの違いはわかるでしょうか。

目標とスローガンは、本来は似ても似つかぬものです。

**スローガンは会社やプロジェクトの大まかな方向性をメンバー全員と共有したり、モチベーションを高めたり、自分を鼓舞したりするためのわかりやすい言葉です。**社訓、社是といったものも、いわゆるスローガンです。

スローガンは組織の団結力を高めるなどの効果はありますが、ミスを防いで効率性を高めるためには不十分です。そのような目的がある場合、スローガンではなく「目標」を定める必要があります。

**目標で大切なことは、曖昧な部分を残さないことです。**

たとえば、「トップ営業パーソンになる」のようなものは目標といいません。これを本

気で達成するための目標にするには、

「どのような顧客にどのようにアプローチをして、なにをいつ、どれくらい売ることでトップ営業パーソンになるのか」

というものを決めなければならないのです。

トップ営業パーソンになりたいというのであれば、
・どの商品を販売して達成するか
・いつまでに達成するか
・どんな人をターゲットにするか
・何件販売するか
・×ヶ月後には××にまで販売商品の範囲を広げる
・×年×月までに××をする
・×年×月には××できるようになる
のように、はっきりと具体的に目標を立てなければいけません。

本当に達成される目標とは、達成された姿が、生き生きとイメージできるものです。

# 大きな目標を細かくして「小目標」を立てる

筆者の知るある人は、大きな目標を小さな目標の積み重ねへと単純に置き換えただけで、本当にトップクラスの営業成績を上げるまでに成長しました。

彼は、営業でトップの成績を上げたいとの目標を持っていましたが、いきなりそのような目標を掲げるのではなく、小さな目標に分解してもらいました。

たとえば、

「×月の1週目には、商品ラインナップとそれらの商品の特徴をすべて把握する」

「×月の2週目には、そのなかで自分が自信を持って提案できる商品を5つに絞り、営業トークを徹底的に磨き上げる」

「△月には、××販売員の資格を取得し、××品質管理員の認定を受ける」

などです。営業先についても、

「顧客リストの上位1000件のうち、まず501位〜1000位について、電話でアポイントをとる。うち、50件のアポとりをする」

「アポをとった顧客を訪問し、練習した××商品の提案をし、10件の販売をする」

「この特訓を踏まえて、上位顧客1位〜500位について100件のアポをとり、50件の販売をする」

と決めました。


彼の目標の立て方でとくに秀逸なのが、顧客リストを上位と下位で2分割し、別々にアプローチしたというところです。

もし彼が最初から「トップ営業パーソンになる」という目標しか立てていなかったら、手探りのままに最初から上位顧客にアプローチをかけていたでしょう。

**目標を細切れにすることで、最高のコンディションで上位顧客にアプローチをすることができたのです。**

## 目標は達成できればいいというものではない

「目標は高いほどいい」といいますが、これは本当でしょうか。

先にも述べたとおり、目標は細部まで具体的に立てなければなりません。目標は「夢」とは違いますし、志でもありません。

**夢や志を達成可能なレベルにまで、具体的にブレークダウンしたものが目標です。**

すると、「目標は高いほどいい」というのは間違いだと気づくのではないでしょうか。目標は必ず達成可能な形で描かなければなりません。そのためには、ゴールだけではなく、そこまでの道筋をはっきりと描く必要があります。

たとえば、「A商品を××エリアで売って、トップ営業パーソンになる」というような目標の立て方です。

ここで大切なことがあります。

たとえ、結果としてトップ営業パーソンになれたとしても、A商品ではなくて、たまたま売れたB商品によって達成したのであれば、これは目標を達成したとはいえないのです。目標に定めたこととは違う行動をとったわけですから、トップ営業パーソンになれたのは、単なる偶然に過ぎません。

ここは本当に、多くの人が間違えてしまうポイントなのですが、**「偶然の結果」と「目標の達成」はまったく別のものです。**

私の経験上、ここを取り違えてしまう人が多いために、せっかく一度成功を収めても脱落してしまうことが多いように感じます。

さらに、**目標には、期限が必要です。**

いくら時間をかけても構わないというのでは、目標ではありません。そのため、期限を決めていないものを、目標と呼んではいけません。

このような例として、「いつかは営業でナンバーワンになる」のようなものがあります。

これでは、きっと営業でナンバーワンになる日は訪れないことでしょう。目標は、しっかりと期限を定めて、達成可能な形で表現しなければいけません。

# 目標を貼るのはやっぱり効果的

読者の周囲でも目標を紙に書いて貼り出している職場があるのではないでしょうか。**目標を明らかにして、それを宣言することにはとても大きな効果があります。**

しかし、ただ目標を貼り出せばいいかというとそうではありません。

先にも述べたように、「トップ営業パーソンになる」といった目標を掲示してもあまり意味はありません。

そうではなく、すぐに達成可能な目標としてブレークダウンし、それを短いサイクルで宣言していくのです。

たとえば、「×月の1週目には、商品ラインナップとそれらの商品の特徴をすべて把握する」と貼り出したとします。

すると1週間で目標を達成できたかどうかがすぐにわかります。

達成できたら、新しい目標に貼り替えます。

たとえば、「×月の2週目には、そのなかで自分が自信を持って提案できる商品を5つに絞り、営業トークを徹底的に磨き上げる」のような形です。そして、これも達成したならば、また次の新しい目標を貼り出していきます。


先に紹介した営業マンは、この方法も取り入れていました。

目標を貼り出すことで、自分のなかでも目標がはっきりとし、迷いがなくなるのだといいます。

目標を達成するとそのことも宣言するので、徐々に目標を確実に達成するクセがついていき、短いサイクルで目標を達成することが習慣化されます。

目標を達成するということは、自己実現でもあるために、とても幸福感が高まり、継続して行えるようになるのです。

# 目標達成度をチェックするときに注意すること

せっかく目標を立てたならば、あなたが目標達成に近づいているかどうかを確認しながら進めなければなりません。

目標に近づいていなかったり、目標からズレていたならば、行動を修正しなければならないからです。

しかし、**ここでよく起きるミスは、目標達成のための行動とは関係のない行動をチェックしてしまうことです。**

目標に近づいているかどうかではなくて、自分がとった行動に「意味があったかどうか」を考えてしまうのです（気持ちはわかりますが）。

たとえば、「1日に必ず1件多くの顧客訪問をする」との目標を立てたとします。この場合に確認すべきことは、本当にこれまでよりも1件多く顧客訪問ができているかということだけです。

それ以外をチェックすることには、なんの意味もありません。

しかし結果として、「休憩時間の無駄話が減っていた」とか、「以前よりも顧客との会話がスムーズになっていた」など、都合のいい解釈をしてしまうことが多いものなのです。

仮に、このような変化が起きていたとしても、このことは目標としていないのですから、「偶然に起きた」と捉えなければいけません。

これをもって、少しでも目標に近づいているなどと都合のいい解釈を加えてはいけないのです。

このような達成度のチェックは、なにもしていないのと同じです。

**目標として定めていなかったわけですから、どのような変化があっても、それはあなたが目標達成のために起こした行動による結果ではありません。**

目標に向かってがんばったのであれば、目標と結果とを1つひとつ比較して、確認できるようにしておかなければいけません。

## 【目標設定のミスを防ぐには……】

・目標がはっきりしていないとあらぬ方向に努力したり、やり直しになる可能性があることを知る
・目標は自分に対する許可であり、それに付随する行動も自分の許可次第であるということを知る
・目標よりも先に「なにを目標としないか」を決める
・曖昧なスローガンではなく、具体的な方法や期限などを決めた「目標」を立てる
・目標を細分化して「小目標」を立てる
・目標を細分化したら紙に書いて貼り出しておく
・目標の達成度をチェックするときには、自分が目標として定めていなかった変化は加味しない

# 第7章

# 「意識」のミスをなくす

がんばり屋だけど要領は悪い
猫背、下を向きがち
必要がないことまでついついやっちゃう

こんな人は要注意!

# 意識は形から変えられる

いよいよ最後のミスの原因です。

なんだかやる気にならない、集中力が続かないといった意識的な問題は、一見すると個人の素質に左右されるようにも感じられますが、そんなことはありません。

たとえば、アメリカの心理学者ウィリアム・ジェームズの言葉に**「楽しいから笑うのではない。笑うから楽しいのだ」**があります。

意識を変えるためには、まず行動を変えてしまうのが手っ取り早いのです。

たとえば、あなたも勝負服や勝負ネクタイのようなものを持っているのではないでしょうか。着ているものをちょっといいもの、お気に入りのものに替えるだけで、意識は簡単に変わります。

本章では、「意識」がもたらすミスをなくす方法を紹介します。

# 姿勢を見ればすべてがわかる

姿勢はあなたのすべてを表すといっても過言ではありません。姿勢を見れば、本当にその人のことがわかります。

それゆえに、**いかなるテクニックを身につけるよりも前に、姿勢を正すように気をつけなければなりません。**

接客などの仕事でも、姿勢を大切にします。

これは極めて理にかなっています。

言葉遣いやマナーを身につけるよりも、まずは姿勢を正すことのほうが、はるかに効果が高いからです。

いかなる仕事に臨む上でも、背筋をまっすぐに伸ばし、まっすぐに前を向いて仕事に臨むようにしましょう。

姿勢を正すと不思議なもので、ほかになにも変えていなかったとしても、仕事に対して前向きになります。

そして、仕事の成果もあがっていくのです。

姿勢1つ変えただけで、あなたの心の持ちようが変わり、仕事の成果にも影響を与えるのです。

これが型から入ることの大きな効果です。

よく自信は姿勢にあらわれるといいますが、筆者は順序が逆だと思っています。

**姿勢を正すから自信が身につくのです。**

実際にある職場で、毎日朝礼（朝礼のある職場でした）で姿勢を正す訓練をしたことがあります。

1日姿勢を正すことを各々が宣言するとともに、前後左右の同僚と姿勢の確認をし合うのです。

筆者が変えた点はこれだけです。

こちらの職場は営業部署でしたが、なんと売上げの増加が確認できたのです。

それも短期間だけではありません。長期間にわたって、明らかな売上げの増加が確認できました。

私は研究者ではないので理屈はわかりませんが、姿勢を正すことによって相手への影響力も増大したと考えられます。

実際に「営業先の担当者から信頼されるようになった」「相手の対応が変わった」などの声も多数寄せられています。

ほかにも、背筋を伸ばして仕事をするようになってから上司との関係が改善したとか、ほかの部門とのコミュニケーションをとりやすくなったなどの体験談が私の元には寄せられています。

もちろん、その因果関係を科学的に証明することはできないかもしれません。

しかし、その人がその期間に気をつけたことが姿勢だけであるならば、やはり**姿勢を正すことによってこのような成果があると考えるほうが、人生を豊かに過ごせるのではないでしょうか。**

唐突に、「姿勢を正すと物事がうまくいく」などといえば、それこそ怪しいセールスのようですが、試してみる価値は絶対にあります。

**プラスαのアドバイス**

「言葉」と「動作」を別々にすると好感を持たれます。「こんにちは」などと挨拶をしたあとでお辞儀をするのです。これだけでも、格段に自信があるように見えるものです。

一方、話しながら足を動かすのは、好感を持たれない姿勢の典型です。足を動かしながら話すと、だらしなく映ります。絶対に足を動かしながら話してはいけません。

## 形だけの整理整頓でも意識は変わる

整理整頓をしっかりすれば、仕事の生産性が高まることに異論はないでしょう。しかし、なかなかできないものです。

毎度毎度、整理整頓をしていたのではそれだけで時間を浪費してしまう……、そう考える読者も多いのではないでしょうか。

しかし、整理整頓を無駄な時間と考えてはいけません。片付けに使った時間は、必ずあなたに返ってくるからです。

片付けによって時間を浪費しているのではなく、将来の時間を生み出していると考えてください。片付けによってストレスもなくなり、仕事に集中できるようになります。仕事が速くなり、ミスも起きません。

筆者は、デスクの上にモノを出した状態で帰宅したことはありません。それでは、几帳面で整理整頓がうまいかといえば、決してそうではありません。

**じつは、机の上に出ていたものを単に引き出しに詰め込んで帰っているだけです。**でも机の上はとてもキレイですので、周囲からはいつも机の上がキレイだ、いつも整理整頓されていてスゴイともっぱらの評判です。

では、引き出しのなかが雑然としているかというと、じつはそうでもありません。引き出しのなかも整理しています。でもこれは、どちらも同時にできたわけではありません。机の上をとりあえず片付けたら、不思議なことに、引き出しのなかも片付いていったのです。それもなにか努力したのではなく、自然にです。

これはまさしく、意識の問題です。

「机がキレイだ」と評判になってしまったので、何気なく引き出しを開けたときに、周囲の人に引き出しのなかが汚いのが見られるのが嫌だと感じるようになったからです。いまでは引き出しのなかだけでなく、身の回りのものを整理整頓することが習慣になっています。

**最初は形から入って構わないのです。見かけだけでもいいのです。まずは、なにか1つ**

## キレイにしておく習慣を持つようにしましょう。

筆者のように机の上だけはキレイにしておくということもできないという人は、その机の書類の載っていないスペースの拭き掃除をして帰るようにしてみてください。数日もすると、書類の下を拭かない自分を受け入れられなくなっていきます。

そうなれば、机の上の多量の書類も整理し始めるでしょうし、書類の下も拭き掃除をすることが習慣になり、机が整理整頓されていきます。

**プラスαのアドバイス**

机の上をいくつかのブロックに分けると、片付けやすくなります。

たとえば、左上には「文房具」、右上には「依頼された書類」、中央上には「参考資料」などと決めておきます。仕切りやトレーを置いても効果的ですが、頭のなかでイメージするだけでも十分に効果があります。

# 1分間だけ目を閉じて深呼吸してみる

本来は、仕事の計画と同じように、休憩も計画しておかなければならないものです。多くのオフィスワーカーは意図的に休憩の時間をとったりしないと思います。ちょっと手が空いたときに休憩する人はいるかもしれませんが、時間が決まってはいないでしょう。

**最初から1日のスケジュールに、どのくらいの休憩をするかを組み込んでおくべきです。**もしどうしても連続して仕事をしなければならない場合には、わずかな休憩でも構いませんので、しっかり休憩を挟むことを心がけましょう。

筆者がおすすめするのは、1分間目を閉じて深呼吸をすることです。たったこれだけでも休憩せずに仕事を続けた場合と比べて、仕事の効率が上がります。ミスも減ります。

休憩時間がとれない場合でも、ちょっと場所を変えるだけで効果があります。場所を変えるだけで、脳がリフレッシュするからです。

## 自分のスイッチを探しておく

あなたは仕事へのスイッチをどのように入れていますか。仕事にスイッチなどあるのかと思った読者もいるかもしれませんね。

しかし、プロのスポーツ選手には、必ずといっていいほど、自分のスイッチを入れる方法があります。

野球選手ならバッターボックスに入る前に右回りで1周するとか、バッターボックスには必ず左足から入るとか……例を挙げれば枚挙にいとまがありません。

どの例もすべて、いってみればその仕事を成功させるためのジンクスです。この行動と、内容そのものに大した意味はありません。

ただ、集中力が高まり、その結果としてパフォーマンスが向上するということはありえます。あなたもジンクスを持つようにしましょう。

たとえば、**筆者は仕事に取りかかる前に必ずコーヒーを飲む習慣があります。**これも1つのジンクスです。

とくにコーヒーが飲みたくて仕方がないわけではありません。しかし、コーヒーを飲むことで、仕事に臨む心構えができあがるのです。

とくに重要な会議の前などにコーヒーを飲まないと、なにか失敗しそうで不安を感じます。このようなときであっても、コーヒーを一口飲むだけで、成功へ向けた仕事のスイッチが入るのです。

このようなスイッチは、十人十色です。

仕事前に散歩をするという人もいるかもしれません。数分の仮眠や瞑想をするという人もいるかもしれません。

**どのようなものでも構いません。あなたにあったジンクスを持ってください。**そして、一度決めたらつねに実行するようにしてみてください。

ジンクスは、あなたの心を強くし、あなたの行動力を高めてくれます。

# あなたはリハーサルをしていますか？

突然ですが、あなたはリハーサルをしているでしょうか？

大きなプレゼンの前などだったらする人はいるかもしれませんが、リハーサルは日常的な仕事に取り組むときもかなり有益です。

むしろ、**日頃、継続的に行う仕事であればあるほど、リハーサルは大きな効果を生むものなのです。**

たとえば、会議においてちょっとした提案をするときや、営業の電話をかけるときなども、リハーサルをしているかしていないかで意外な差が生まれます。

ただ、リハーサルにもコツがあります。

一番大切なことは、あなたが成功している姿をはっきりとイメージすることです。このイメージを脳に焼きつけることがもっとも大切なポイントです。

「リハーサルする」ことは、イメージを脳に焼きつけるための手助けといっても過言ではありません。

たとえば、ある仕事を正確にできている姿をイメージするためには、その仕事の内容と手順を正確に知らなければできません。

あるいは、どういう発言をするか、相手がどういう反応をするかを想像しなければいけません。

リハーサルの効果はここにあります。

あなたがはっきりとイメージすることができるようになったら、イメージ通りにできるかどうかを実際にやってみます。

もしかしたらイメージ通りにできないことも出てくるかもしれません。イメージ通りにできないところがわかれば、あとはイメージに近づけるようにリハーサルを重ねればいいだけです。

正しいイメージを持っていることで、なにがどのようにうまくできていないのかを知ることができます。

そして、なにをどのように直せばいいのかもはっきりとわかるのです。

このようなリハーサルを続けている人は、いつも意識して自分の仕事や行動の細部をイメージするようになるでしょう。

どのようなとき、どのような場面でも、細部に気を配れるようになります。

自然と細部にまで気が向くようになれば、仕事においてつまらないミスなどするはずがありません。

まさに、神は細部に宿るのです。

【意識のミスを防ぐには……】

・意識を変えてミスを減らすためには、まず自分の行動など形から変えることが大切だと知る
・つねに背筋を伸ばして姿勢を整えることを意識する
・まずはデスクの上からモノをなくすなど、見た目だけの整理整頓だけでもいいからやってみる
・あらかじめ休憩を自分のスケジュールのなかに組み込んでおき、脳をリフレッシュさせる習慣をつける
・自分のなかでテンションを高めるためのジンクスを持っておく
・自分がうまく仕事を成功させている姿をイメージし、日常的な仕事でも頭のなかでリハーサルするようにしておく

# 第二部

# 人間関係から職場を改善する

第一部ではミスを引き起こす真の原因を7つに分類し、
その対策方法を紹介しました。
しかし、じつは第一部では述べられていない、
ミスを生み出す要因があります。
それが職場の人間関係です。
人間関係がギスギスしていたら、
メンバー同士の情報共有がうまくできず、
思いもしないミスが生まれます。
ここからは職場の人間関係を
改善するための方法を紹介していきます。

# 第8章

# 話しかけられる自分に変わる

ミスをなくす方法そのものは第一部で説明したことがすべてです。

ただ、直接的なミスの原因にはならないけれど、職場全体の人間関係がうまくいっていないと、ミスを生みやすい土壌が形成されていることになります。

職場の人間関係がギクシャクしていたら、働く意欲は下がってしまうでしょう。

ミスと仕事のモチベーションは切っても切れない関係にあります。

ミスを連発してしまうから仕事のモチベーションが下がってしまいますし、仕事に対するモチベーションが下がっているからミスを連発してしまうものなのです。

そこで第二部では、働く人の心理と人間関係をよいものにする方法についてお伝えしていきます。

大事なのはお互いに会話がしやすい環境をつくることです。

そのためには、まずあなたが職場の人間に気軽に話しかけ、話しかけられやすい人間になるべきです。

環境を変えるための最初のステップは、なによりもあなた自身が変わることが大切だと覚えておきましょう。

# 人間関係をよくする3つの行動

**人間関係とは、要するにほかの人と「話しやすい」かどうかです。**では、「話しやすい」とはなんでしょうか。コミュニケーションの技術でしょうか。もちろん違います。

話しやすい人とそうでない人との違いは、「心の持ち方」1つ。それでは、「心の持ち方を変えましょう」という話かというと、これもまた違います。

筆者がすすめる方法は、以下のたった3つのことをするだけです。

**①苦手な相手がいたら、隣を通り抜ける**
**②だれかと会ったら、とにかく言葉を発する**
**③「すみません」をやめる**

たったこれだけで、周囲からのあなたへの評価も自然に高まります。苦手だった人とも仲良くなれるのです。

# 苦手な相手がいたら、あえて隣を通り抜けてみる

会社員として働いている人たちでよく聞く例として、トイレに行こうと思ったら、苦手な相手も同時に席を立ったのでタイミングをずらしてトイレに行ったというものがあります。ほかには、給湯室にお茶をいれに行ったら、苦手な相手がいたから入るのをやめた、などです。

あなたは、なぜその人のことが苦手なのでしょうか。きっと相手も自分のことを嫌っているはずだからでしょうか。それは違います。

**あなたがある人のことを苦手だとしたら、それはあなたがその相手を避けているからなのです。**避けているから、苦手になるのです。苦手だから避けているのではありません。

ここを勘違いしてはいけないのです。

だから、まずは避けるのをやめなければなりません。

とはいえ、いきなり話しかけるのはハードルが高すぎて、実行するのは難しいでしょう。だから、**まずは苦手な相手の隣を通り抜けるだけで効果があるのです。**

苦手な相手が通路の向こう側に見えただけでも、歩く方角を変えてしまう人がいます。これではいけません。ほんの少しだけ勇気を出して、その相手の隣を通り抜けてみます。声をかけなくても構いません。もちろん視線も合わせなくていいのです。

**苦手な相手のいる空間を通り抜けてみることが大切です。**たったこれだけでも、あなたと相手に変化が起きます。そのうち、この「避けない」ということがあなたの日常へと変わります。

これが日常となると、悩みや強迫観念から解放されます。このとき、あなたの意識のなかでは、目には見えない変化が起きます。**慣れてきたら、心のなかで「やあ」とか「オッス」などと呼びかけながら通り抜けてみるようにしましょう。**

軽く会釈でもできるようになれば、しめたものです。あなたと相手とを隔てていた空気に、大きな変化が起きた証拠です。

これはもう、はっきりと目に見える変化ですね。そのころになると、その相手を「避けたい」とは思わなくなっているはずです。

ここでもう1つ大切なことがあります。**苦手な相手がいるということは、あなたが成長するチャンスだということです。**もしだれかに嫌な部分を感じるなら、それはきっとあなたのなかにある嫌な部分だからです。

たとえば、勝手にライバル視されて嫌だとか、相手によって態度を変えて嫌だとか、上司に取り入って嫌だなどの心理です。

でもそのように見えるということは、あなたのなかにも同じ部分があるということです。あなたがその部分を直してしまえば、もうその相手のことが嫌ではなくなります。

**だれかを苦手に思うということは、あなたに他人には見られたくない欠点があるということです。**欠点を見透かされるのが嫌だから、その相手を避けてしまうのです。

だれでも、自分の欠点はさらけ出したくないものです。だからこそ、苦手な相手がいるというのは、あなたにとっては貴重な情報の宝庫です。

## だれかと会ったら、とにかく言葉を発する

ここであなたに質問です。コミュニケーションのうちで、一番難しいのは次のうちどれでしょうか。

①話しかけること
②うまく話すこと
③好印象を与えること

**コミュニケーションで一番難しいのは、「話しかけること」です。**

ここにコミュニケーションに関する根本的な誤解があります。うまく話せるかとか、好印象を与えられるかよりも、ほとんどの人にとっては、話しかけることのほうがはるかに

難しいのです。

**あなたがだれかに気軽に話しかけているということは、周りの人もあなたに気軽に話しかけやすくなるということです。**

あなたがまず言葉を発することで、あなたの周りの空気が話しやすい空気へと変わるのです。だから、まず、あなた自身が言葉を発するようにしましょう。

では、どのような言葉を発したらいいのでしょうか。

たとえば、エレベーターなら、「何階ですか」と尋ねるだけで構いません。エレベーターを降りるときに、だれかが「開く」ボタンを押してくれていたら、「ありがとうございます」の一言でいいのです。

このとき、相手から言葉が返ってくるかどうかは関係ありません。あなたが言葉を発することに価値があるのです。

知らない相手でも、「暑いですね」「寒いですね」などの言葉はかけられますね。知っている相手であれば、とにかく褒められるところを探してみましょう。

「髪を切ったんですね」「素敵な服装ですね」「カバンがいつもと違うね」など、いろいろと声をかけられるところはあります。声をかけられて、相手も悪い気はしません。

**他人に自然に言葉をかけられるようになれば、あなたは次第に自信に満ちた存在へと変わっていきます。**いつの間にか話しかけられやすい人へと変わっていくのです。

だれかと会ったら、「なにか、かけられる言葉はないか」と考える習慣を持つようにしましょう。

慣れてくれば、どのようなシチュエーションでも、簡単に言葉を見つけられるようになります。気の利いたセリフである必要はありません。

最初は、言葉をかけることさえできなくても大丈夫です。心のなかで言葉を呟きながら、軽く会釈をするだけでも効果があります。心のなかで、「よい1日でありますように」などと唱えるだけでいいのです。

これを続けていれば、いつの間にか、声に出して言葉をかけられるようになります。

何事も小さなことの積み重ねです。

小さなことが、大きなことになっていくのです。ぜひ試してみてください。

# 「すみません」という言葉を使わない

あなたは1日に何回「すみません」という言葉を使うでしょうか？　かつて、筆者も知らず知らずのうちに、「すみません」という言葉を多用していました。

自分に自信を持つと、自然と「すみません」という言葉を使わないようになります。逆に、自信のない人は、どんなときでも「すみません」という言葉を発してしまいます。

「すみません」という言葉には、目に見えない力があります。使えば使うほど、あなたの自信と存在感を失わせていってしまうのです。

あなたは、「すみません」と発することで、相手に気を遣っているつもりかもしれません。しかし、この言葉をやめれば、あなたの自信は回復していきます。そして、不思議とあなたの存在感が高まっていきます。

**試しに、「すみません」という言葉の代わりに、すべて「ありがとうございます」にしてみましょう。**あなたが相手になにかを頼むときには、前置きに「ありがとうございます」といえばいいのです。

このときに、相手の名前も呼ぶことができれば、さらに完ぺきです。

いつどのようなときであったとしても、前置きに「いつもありがとうございます、××さん」といいましょう。このようにすることで、あなたは必ず大きな変化を実感するはずです。

「ありがとう」という言葉には、「すみません」のようなネガティブな印象がありません。同じことをしていても、あなたの心も晴れやかになっていきます。

言葉には言霊があります。あなたの発する言葉が、あなたの心に影響するのです。「すみません」という言葉をやめるだけで、あなたの人生は大きく前進していきます。

本来のあなたは、自信に満ちた素晴らしい存在のはずです。

そして、本来のあなたに戻るためには、このように小さな変化を少しずつ起こしていけばいいのです。

## 【第8章のまとめ】

・人間関係とは「話しかけやすさ」である
・自分が話しかける人間になれば、相手からも話しかけられやすくなる
・苦手な相手がいたら、あえてその人のそばを通るようにする
・心のなかでその相手に軽く会釈してみる
・相手のちょっとした変化に気づき、声をかけてみる
・「すみません」という言葉を封印し、代わりに「ありがとう」を口にする

# 第9章

# 職場を居心地のいいものに変える

職場での悩みは尽きないものです。

異動してきたけどなじめない、1つの失敗がずっと尾を引いている、成績が上がらず周囲の人と話さなくなってしまったなど、理由やきっかけもさまざまでしょう。

もし、そのような状況になってしまったら、一刻も早く抜け出したいですよね。しかし、このような悩みを持つことは、決して無駄なことではありません。

**「悩む」ということは、「考える」ということです。**

考えることは、人生を豊かにしてくれます。考えることによって、あなたは成長することができるのです。

いまがマイナスであればあるほど、ほんの少しだけあなたの行動を変えるだけでも、あなたに大きな変化を起こすことができます。

たとえば、あなたがつまらなそうな表情をやめて、ほんの少しだけ明るい表情をつくってみるだけで、あなた自身も周りの人も変わっていきます。

ここでは自分の心がけを変えて職場の居心地をよくするための方法をお伝えしていきましょう。

# 背筋を伸ばして大きな声で挨拶する

まず覚えていただきたいテクニックは、「背筋を伸ばして大きな声で挨拶する」です。挨拶には大きな力があります。

このことを知っていて挨拶するのと、知らないで挨拶するのとでは大きな違いが生まれます。大きな声で挨拶をすることで、あなたの影響力は確実に増していきます。

それでは具体的にイメージしてみましょう。

小さな声でボソボソと挨拶する人と、大きな声で明るく挨拶する人とでは、周りへの影響に大きな違いがあると思いませんか？

そうです。**外見が同じでも、能力が同じでも、人柄が同じでも、大きな声で明るく挨拶する人のほうが圧倒的に好印象なのです。**

そして、好印象であるということは、あなたの人間関係にも大きな違いを生むことになります。

でもいきなり「大きな声で挨拶」といわれても困りますよね。いままでしてこなかった人は、きっとやりにくいことでしょう。

いまはもう、大きな声で明るく挨拶などできるような職場環境ではなくなってしまっているかもしれません。

それでもまったく心配はいりません。このテクニックを実行すれば、必ず大きな変化を起こすことができます！

まずは、あなたの行動から変えてみましょう。ほんの少しずつで構いません。あなたの行動が変われば、あなたの気持ちも変わっていきます。

それでは、どのように行動を変えればいいのでしょうか。

答えは、**「背筋を伸ばすこと」**です。これならできそうな気がしませんか？

人間関係はすべて姿勢に表れます。背筋の曲がっている人は、人間関係にも自信がなくなってしまいます。逆に、背筋をまっすぐに保っている人は、人間関係にも必ず自信を持てるものなのです。

そうはいっても、いまさら背筋を伸ばして、大きな声で明るく挨拶はしにくいですよね。いきなり態度が変わるのは違和感をもたれます。

その場合、無理をする必要はありません。

これまでずっと同じだった職場の相手にはなかなか挨拶をしにくくても、違う部署の人や、来客であれば挨拶がしやすいはずです。新たに配属されてきた人に対しても挨拶がしやすいですし、きっと喜ばれることでしょう。

そのような機会があれば、背筋をしっかりと伸ばして、大きな声で明るく挨拶をするように心がけてみましょう。

このような機会が何回かあれば、自分の職場でも同じように、大きな声で明るく挨拶をすることが自然にできるようになっていきます。あなたの周りの環境が変わるのです。

**しっかりした挨拶とは、自信を持ち、自己を肯定することです。**

挨拶が職場を明るく元気にし、そして、その明るさと元気が再びあなたのもとへと戻ってきます。

## 嫌な感情が湧いてきたら手を洗う

人はついつい、問題が起きたときにその原因を他人のせいにしてしまいます。でも、これをやっていると、職場の人間関係はギスギスしたものになります。

言葉に出さなくても、「そっちが悪い」と思っていることはなんとなく伝わってしまうのです。

もしも他人に悪い感情が湧いてきたならば、それはあなたの思い込みや偏見に気づくチャンスです。

**嫌な感情を抱くのは、あなたの思い込みが原因である場合が多いです。**「きっと、あの人はこう思っているに違いない」「あの人の態度はきっとこういう意味に違いない」などと勝手に思い込むことで、その人のせいにしてしまいます。

この思い込みをなくすには、一度、自分の思考をストップさせなければなりません。どちらが悪いという考えから抜け出さなければならないのです。

**そのときに効果的なのが「手を洗う」という行動です**

意外に思うかもしれませんが、手を洗うことで、不思議と嫌な感情も一緒に洗い流すことができます。

手を洗うことには、大きなリラックス効果もあります。これは疲れているときや、考えのまとまらないときにも効果があります。

石鹸でよく泡立てながら、ゆっくりと時間をかけて手をすり合わせて、手の甲や手首も丹念に洗うようにしてみてください。

夏であれば冷水でよく手を洗います。冬であれば、温かいお湯で手を洗うとより効果的です。不思議と嫌な感情も消えてしまいます。

もし一度でうまくいかなければ、もう一度洗い直してみます。

もちろん、手を洗うことによってすぐさま相手のせいにしてしまうクセをやめられるわけではありません。

しかし、悪い感情をストップさせる行動として、ぜひ実行してみてください。

## あえて弱さをさらけ出す

自分の欠点が気になることはありますか？　あの人にはできるのに、自分にはできない……。人間ならだれしもこのように考えてしまうことがありますね。

でもそれは、本当にあなたの欠点なのでしょうか。

**「欠点」と「強み」とは、反対側にあるものではありません。「強さ」とは、あなたの「弱さ」の延長線上にあるものです。**

なにもないところから、いきなり強みが生まれたりはしません。

たとえば、筆者の知人には、口ベタなことをとても気に病んでいる人がいました。しかし、彼は自分の弱みをしっかりと認識しているために、人一倍、一生懸命に伝える熱意を持っていたのです。

そのことが相手にも伝わるために、彼が思うほどには、周囲はそれを欠点だと感じることはありませんでした。

また別の人で、声が小さいことにコンプレックスを抱えている人もいました。しかし、相手に聞いてもらおうと努力することで、自然と伝える内容が研ぎすまされるようになっていました。

するとどうでしょうか。声は小さくても、その人が話し始めるとみんながそろって耳を傾けるという強みに変わっていったのです。

**欠点を隠そうとしてはいけません。隠せば、それは欠点のままです。**

でも勇気を出して、あなたの欠点を自分から周囲の人に伝えてみます。

欠点をだれかに話すことで、まずあなた自身が自分の欠点を受け入れることができるようになります。そして、あえて他人に欠点を見せることで、あなたにも自信が芽生えるようになるのです。

**よく「相手を否定するのはよくない」といいますが、もっとしてはいけないことが自分を否定することです。**

自分で自分を傷つけるようなことをしてはいけません。

あなたの周りにもきっとこのような人がいたはずです。

自分はスポーツがぜんぜんダメだとはっきり話す人に限って、勉学などほかの面で秀でている。

自分は細かい仕事には向いていないとはっきりいう人に限って、じつは細かい仕事でもミスをせずに乗り越えてきた。

このような人たちは、もしかしたら自分の欠点を他人に話すことで、自分自身のなかで上手に受け止めて、欠点を強みへと変えていったのかもしれません。弱さもさらけ出せるようになれば、自然とあなたの魅力も増していきます。

あなたに欠点と映っていることは、じつはあなたの大切な可能性でもあるのです。

# 成果と関係ないことも 精一杯やってみる

あなたは事なかれ主義でしょうか。

そのような思いは、周囲の人へも伝わります。筆者が指導した職場でも、仕事に前向きでない人には、周囲の人との隔たりができてしまっています。**人間関係を改善しようと思うならば、仕事への姿勢を見直すこともとても大切です。**

今日から「細部」にこだわってみましょう。たとえ成果とは関係ないことでも、手を抜かずにやってみるのです。細部にこだわると、人生観が変わっていきます。

成果と関係のないことにまで精一杯取り組めば、仕事の成果も自然と上向いていきます。

細部にこだわった仕事がいい加減であるはずはないからです。

**こだわりを持てば、仕事がおもしろくなります。**

**大切なことは、どれだけのことができたかよりも、「どれだけ心を込めたか」です。**

# 簡単な仕事を馬鹿にしない

細部にこだわることとともに、仕事に向かうときの姿勢として大切なことがあります。それが、何事も馬鹿にせずに行うことです。

筆者の好きな、千利休のこんな言葉があります。


**「稽古《けいこ》とは 一より習ひ 十を知り 十よりかへる もとのその一」**


稽古は基本から習いはじめて、一から順番に習得して十のレベルに達します。しかし、ここで満足をしてはいけません。

もう一度、基本の一に立ち返ることが必要だということです。これによって、一回目ではわからなかったことも、わかるようになります。

十に達しただけで満足すれば凡人ですが、また一から十までを繰り返せる人こそが本物のプロになれるのです。

あなたには、「これはもう自分のやる仕事ではない」と思っている仕事はないでしょうか。新人のころに下積みでやっていた仕事などがこれに当たるかもしれません。少し先輩になったからといって、この基本を忘れてはいけません。

もう一度しっかりと基本に立ち返る習慣を持っておきましょう。

つねにやる必要はありませんが、長らくやっていなかった基本的な仕事を、もう一度あなたが率先してやってみるのもいいでしょう。

その際はぜひ、あなたからやると申し出てみてください。あなたの人間関係も劇的に改善されます。

すべては心の持ち方1つです。

何事も馬鹿にせず真剣に取り組む人をけなす人はいません。あなたのこの小さな行動1つが、人間関係を変えるのです。

## 【第9章のまとめ】

- 大きな声で挨拶をするだけでも印象と人間関係が変わる
- なかなか挨拶できないなら、まずは普段の姿勢を正すことからはじめる
- 問題を他人のせいにしてしまうのはほとんどが思い込みが原因
- 思い込みをなくすためには「手を洗う」という動作が効果的
- 自分の欠点の延長線上に自分の強みがある
- 欠点を隠していては欠点のままなので、自分を否定せず、他人に見せることで自分で受け止め、強みに変える
- 事なかれ主義をやめて、細かいところにもこだわりを持って楽しく仕事をすれば、人との隔たりがなくなる
- 経験を積んで、自分がやらなくなってきた仕事があるなら、あえてそれにもう一度取り組んでみることで人間関係も改善できる

# 第10章

# 職場の同僚と仲良くなる

職場の同僚となぜか話が盛り上がらない、どうもうまく話がかみ合わない、といった経験はないでしょうか。

このような悩みはだれもが抱えるものであり、完全になくすことはできません。しかし**コツをつかめば、簡単に自信を持ったコミュニケーションができるようになります。**

よく知られたコミュニケーションの改善のためのテクニックには、たとえば以下のようなものがあります。

「適度に質問を投げかけ、心地よい会話のキャッチボールになるようにする」

「食事やイベントなどに積極的に誘う」

「相手が不快に感じないように、物理的な距離を保つ」

しかし、これらが効果的かどうかというと、私は疑問視しています。実際にこれらのテクニックを試してみた人たちから、やってみたがうまく打ち解けられない、途中から突然会話がぎこちなくなった、などの声をよく聞くからです。

私なりに、職場の同僚とのコミュニケーションをスムーズなものにする方法をお伝えします。

# 目に見えないことは聞かない

人には踏みこまれたくない領域もあります。また、されたくない質問も人によってかなり違います。そこで大事なのは、「目に見える事実だけ聞く」ということです。

**質問には2つの種類があります。1つ目は、目に見える事実を聞く質問。2つ目は、目に見えない事実を聞く質問です。**

たとえば、転職をしたという話題が出たとします。

ここで、目に見える事実を聞く質問とは、

「××業界と△△業界ではどのように違うんですか?」

「××社と△△社の働き方にはどのような特徴があるんですか?」

などです。

このような質問は、相手の話の幅を広げます。具体的に答えやすい質問です。

一方、目に見えない事実を聞く場合には注意が必要です。たとえば、

「なぜ転職をしたのですか?」

「なぜ××社から△△社に移ったのですか?」

などと聞くものです。これは目には見えない事実を聞いていますね。相手の心のなかを探る質問になってしまっています。相手が答えたとしても、それが本心かはわかりません。転職の理由が「以前の職場が嫌だったから」という理由でも、いまの仕事のおもしろさについてだけ答えるかもしれません。

ある質問をした途端に会話がぎこちなくなってしまった——。

このような経験をしたことがあるなら、相手の心のなかを探る質問をしていなかったか思い出してみてください。内心では迷惑に感じていたかもしれないからです。

人にはいろいろな事情があるものです。知られたくないことだってあるでしょう。**たとえ相手が知っている内容を聞いたからといって、そのすべてに快く答えられるわけではないことを知っておきましょう。**

# 乗り気でないなら無理に自分からは誘わない

上手にコミュニケーションをとりたいと思うがゆえに、何気なく食事やイベントに誘ったりはしていないでしょうか。

でも、あえて誘わないという選択だってあるのです。

だれかをなにかに誘うということは、あなたの負担も増やしますね。

どのような店にしようか、どのように盛り上げようか、など考えることも増えてしまいます。

これだけの努力をしても、もしかしたら相手の負担にもなっているかもしれないのです。その誘いが本当に必要かよく考える必要があります。つまり、「ほかのことで代用はできないか」と考えてみるのです。

もしその相手ともっとコミュニケーションをとりたいのであれば、職場での勤務中にコミュニケーションを充実させる工夫だって考えられます。

夜の飲み会のほうが相手との親密度は増しそうな気がしますが、これは明らかな間違いです。

**勤務中のほうがあなたとその相手は圧倒的に長い時間を過ごしているわけですから、そのなかでこそ、よりたくさん会話したり、より多くの喜びを共有したりできるはずです。**

飲みに誘うより、「いまより少しだけ多く話しかけてみる」「いまより少しだけ明るく振る舞ってみる」などの工夫を加えてみるべきです。

たったこれだけでも、夜飲みに行くよりも効果的な場合が多いのです。

職場やサークルの悩みでつねに上位にランクインする悩みは、「誘いをどのように断ればいいか」というものです。

あなたが誘いを受けたときに、どのように感じているかを改めて思い返してみましょう。

正直、すべて嬉しい、すべて参加したい、とは思っていないでしょう。あなたからの誘いだけが相手にとって例外であるはずがありません。

あなたがだれかから誘いを受けたときにも同じことがいえます。

そこに参加することがあなたにとって本当に必要であるならば、参加すればいいと思います。

そうでないならば、あえて自分をごまかしてまで参加する必要はないでしょう。

相手を気遣って、「本当は参加したいと思っているのですが……」といった優柔不断な態度をとってはいけません。

**「私は参加しません」とはっきり断って構わないのです。**

必要のない誘いは、最初からきっぱりと断るほうがいいでしょう。

**「あなたが誘いたいという衝動を抑えられないとき以外は自分からは誘わない」**

**「あなたがどうしても参加したいと思う誘いでなければきっぱりと断る」**

これだけで、見違えるようにあなたのなかからモヤモヤ感が消えます。

# パーソナルスペースを気にしすぎない

ここまでの2つのテクニックでは、目に見えないことは聞かない、自分からは誘わない、と相手の領域に踏みこみすぎないことの大切さを説明してきました。

しかし、**こと物理的な距離に関しては、筆者はもっと近づいてもいいケースがあると考えています。**

「それ以上他人に近づかれると不快に感じる空間」のことをパーソナルスペースといいます。一般的には、知らない相手とはパーソナルスペースが広くなり、好感を持っている相手とはパーソナルスペースが狭くなるといわれています。

苦手な相手には1メートル以内に近づいてほしくなくても、好感を持つ相手には30センチの距離でも不快には感じないといいます。

仮にあたりさわりなくその場だけを乗り切りたいのであれば、無難な距離を保つのも1

つの方法かもしれません。しかし相手と良好な関係を築きたいのであれば、距離を置きすぎると、逆に相手を遠ざけてしまいます。物理的に距離を置くということは、「まだあなたとは親密ではありません」という意思表示になってしまうからです。

打合せなどで相手の斜め前の席に座ることは、必ずしもよい方法とはいえません。相手との距離が遠いですし、相手と視線を合わせることも少ないからです。

「あなたとの会話には自信がありません」という意思表示になるケースもあります。

**もし相手に一定の距離を感じたり、いつまでたっても表面的なコミュニケーションしかとれないと感じたりしている場合、あなた自身が相手との物理的な距離を置くような振舞いをしている可能性が高いのです。**

これらの問題を解決する方法は極めて簡単です。相手と距離を置かずに、自分から近づいていくようにすればいいのです。

ここで1つ大切なコツがあります。「私はあなたに好感を持っています」と心のなかで唱えながら近づくことです。

そのようにすると、不思議と相手も不快感は抱かないものなのです。

## 【第10章のまとめ】

- 同僚とうまくコミュニケーションをとるには、まず相手の動機や心情など、目に見えない深い部分を問う質問をしないこと
- 飲み会に誘うのは自分にとっても相手にとっても負担になることがある
- 相手からの飲み会の誘いも、自分がどうしても参加したいという思いがないのであれば、はっきりと断る
- 相手に遠慮して距離を置くのは逆効果。意識的に相手との距離を少し縮めてみる

# 第11章

# 部下のやる気を引き出す

部下を持つと大変なことが増えます。

指示をしても動かない、文句だけはいう、内心でなにを考えているかわからない……などなど。

ただ、部下には部下の世界があります。

そこは不可侵であって、必ずしもあなたの働きかけがおよばない世界です。

ここで大切なのは、そもそも**「部下を自分の思い通りに動かそうとすることは不可能である」**ということに気づくことです。

しかし、それでも部下にうまく働きかけ、やる気を持って働いてもらい、よい職場環境をつくれるようにするコツがあります。

本書の最後に、部下とつきあうときに上司が気をつけておかなければならないことをまとめて紹介しましょう。

## ポジティブな内容以外に反応しない

職場にはポジティブなこともネガティブなこともたくさんあります。**ポジティブだと感じる内容にだけ反応し、それ以外にはなるべく反応しないようにしてみましょう。**ポジティブな内容に反応するときには、少し大げさなくらいのリアクションのほうが効果はあります。

たとえば、「××さんが手伝ってくれて助かりましたよ」と部下がいってきたとします。ここで、あなたは大きな声で、「××さん、ありがとう！　△△さんも本当によかったね」などとリアクションします。ほかにも「まさに、××さんのいうとおり。素晴らしい！」などと褒め言葉をかけるようにしてみます。

とくに、**「××さんのいうとおりですね！」というように、部下の名前を呼びながら声をかけると、魔法の言葉となります。**いわれた相手の心のなかに、あなたの言葉が強烈に響くからです。

でも、最初から大げさなリアクションはとりにくいものです。もしかしたら、大きなリアクションなどとったことがないという人もいるかもしれません。

そのときは、**まずは手始めに部下からのネガティブな内容にはあまり反応をしないようにしてみます。**部下から「××課の仕事のやり方では、うまくいくわけがない」などといわれたら、「そうか」や「ああ」などと、小声で短く答えるようにします。

あなたに直接問いかけているわけではないのなら、思い切って反応をしないようにしてみます。もし不安が残るのなら、心のなかで「私はネガティブな内容には関心がない」と呟くと楽にいられます。

ただし、**ネガティブな内容だからといって「そんなことをいう暇があったら、あなたががんばりなさい」などと、絶対にとがめてはいけません。**ネガティブな内容にネガティブなリアクションをとれば、相手のネガティブな感情が増幅されるだけです。

リアクションのとり方を1つ変えるだけで、いつの間にか、ネガティブなことがあなたの周りからは消えます。そして、あなたの部下にも同じ変化が起きます。

**上司のあなたがポジティブなものにしか反応しなければ、部下もいつの間にかポジティブな態度へと変わっていくのです。**

そして、あなた自身の考え方も変わっていきます。

たとえば、「この部下はいわれたことしかやらないな」などといままでは考えていたかもしれません。しかし、一方の部下は、内心このように思っていたかもしれません。

「もっとこうしたほうがいいと思うけど、××さん（あなた）からいわれていないことを勝手にやるのはいけないな」

「××さんは忙しそうだから、邪魔をしないように、指示された仕事に専念して精一杯がんばろう」

いかがでしょうか。このような内心を理解したあとでも、あなたはこの部下のことをいわれたことしかやらない部下だと思うでしょうか。

ポジティブなことにだけ大きく反応するように心がけることで、あなたの部下に対する見方も、ポジティブなところのほうにフォーカスしていくようになるのです。

# 部下の隣にそっと座る

人はだれでも自分のことだけで精一杯なものです。

あなたの部下も、あなたが思うように仕事を進められないかもしれませんが、その部下にとってはそれが精一杯なのかもしれません。

まずあなたがやるべきことは、部下をねぎらうことです。

では、どうやってねぎらえばいいのでしょうか。声をかけるといっても、いまさらどういえばいいのかわからない人もいるかと思います。そのようなときには、部下の隣にそっと座るようにしてみます。

**部下の席を通り過ぎるときに、短時間で構いませんので、部下の隣にそっと座ってみます。もし可能であれば、このときに「どうだ?」「がんばってくれよ」などの一言を温かく添えるようにします。**

いいにくければ、「よろしく頼むね」などの一言を添えるだけでも効果があります。それさえもいいにくければ、「うん、素晴らしい」など独り言を呟いてもいいでしょう。

部下の隣に席がなければ、横にしゃがみ込んでも構いませんし、少し腰をかがめてのぞき込むようにしてもいいでしょう。

また、独り言のように呟くようにしておけば、たとえ部下から返答がなかったとしても相手に違和感を抱かせずに済みます。すぐに変化がみられなかったとしても、確実に少しずつ部下の心を動かしていきます。

もし手の止まっている部下がいたら、「ちょっと見せてみて」「なにか困っているのか？」と気軽に声をかけるようにしてみましょう。

ただし、これはハウツーやテクニックではありません。形だけやればいいというものではないので注意が必要です。

**大切なのはあなたの気持ちの持ち方です。**

テクニックに走れば部下も必ずそれを感じとります。

1回の会話は短くていいのです。短く会話する回数を増やしたほうが効果的です。

# 部下の欲求を満たすために大切な3つのこと

部下が思うように動かないということも多くの人が経験します。上司になりたてのころは、これだけでも大きく戸惑うもの。

「なぜ思い通りに動かないのだ」と叫びたくなる人もいることでしょう。

しかし、部下には部下の世界があります。ただ上司だというだけでは、部下を思い通りに動かすことなどできません。

ここでは、あなたも部下の気持ちになって考えてみましょう。

あなたの部下はどのように考えているのでしょうか。

それは、主に以下の3つです。

1．「できる人」と思われたい

2. 有能な上司にならついていきたい
3. やった仕事を自分のプラスにしていきたい

どうでしょうか。あなたが部下だったときを思い出してみると、思い当たることもあるのではないでしょうか。

そうであれば、あなたは上司として、部下の欲求を満たすことができているかどうかを改めて考えてみなければなりません。

部下の欲求を満たすためには、以下の3つを行うと効果的です。

**1. 部下が周囲から「できる人」と思われるように演出する**
**2. 有能な上司であるかのように「演じる」**
**3. その仕事が部下にとってどんなメリットがあるかを示す**

以下で詳しく見ていきましょう。

## 部下が周囲から「できる人」と思われるように演出する

部下をできる人間に演出するのはまったく難しいことではありません。

**あなたが「この部下は『できる部下』だ」というメッセージを周りに対して発信すればいいだけです。**

たとえば、「××（部下）さんは本当に優秀でね。私も嬉しい限りだよ……」のようなメッセージが考えられますね。

しかし、じつはこれでは十分ではありません。

なにもいわないよりはいいですが、表面的な言葉だけで伝えても大した効果は期待できません。

ではどうすればいいのでしょうか。

それは、周囲から見たときにも、本当に「できる部下」と見えるように仕立て上げることです。

具体的には、**周囲の目に見える部分だけ、徹底的に「できる」ように指導します。**ただし、「見せかけ」ではいけません。その一部分だけに集中して、本当に「できる部下」に育てるのです。ここで手を抜いてはいけません。

たとえば、取引先で簡単なプレゼンをする、職場で短いスピーチをする、会議資料をA4用紙1枚で作成するというような簡単な仕事で構いません。このような簡単な仕事を徹底的に指導するのです。

単純な仕事であれば、上司であるあなたも過去に何度かは経験してきているはずです。あなたの持っている知見をすべてその部下に注ぎ込むようにします。部下がこの分野でゆるぎない自信を持てるようにするためです。

**たとえ一部分でも輝き出せば、全体も次第に輝きはじめるものです。**

筆者は、そうしたケースを過去にたくさん見てきました。

そして、そのきっかけをつくれるのは、上司であるあなたしかいないのです。

**ここでのポイントは、簡単なことから手をつけることです。**

難しいことをがんばるよりも、簡単なことでがんばるほうがより輝いて見えます。だれにでもわかる簡単な仕事を選ぶのがコツです。

そして、部下が仕事をこなせたら、いよいよあなたの役回りも終盤です。

「さすが××（部下）さん！ ここまでできるなんて素晴らしいね！」

「私の想像をはるかに超えていて、本当に驚いたよ！」

などと大々的に褒めましょう（間違っても「私が手塩にかけて指導したからだ」などと口にしてはいけませんよ）。

すると、だれの目から見ても、「できる部下だ」という印象が残ります。周囲からの見る目が変われば、部下も変わっていくものです。

そして部下は自ら「できる」ようになろうと努力をはじめることでしょう。

# 有能な上司を演じきる

あなたなら有能な上司とそうでない上司、どちらについていきたいでしょうか。ほとんどの部下は、有能な上司にならば従ってもいいと考えるものです。ところが、本当に有能な上司はそれほど多くはいません。それでも、うまくやっている上司が多いのは、有能に見えるように「演じている」からです。演じれば、本当の実力以上に「できる」と見せることができます。それでは、どのような上司が有能に見えるのか考えてみましょう。

## ◆だれに対しても態度を変えず、部下の味方をする

だれに対しても態度を変えないことは、周囲には「自信」として伝わります。態度を変

えないことで、周囲からの信頼も集まってきます。

**万が一、あなたの上司とあなたの部下との間で誤解が生じたら、そのときは必ず部下の味方をしましょう。**間違っても上司の味方をしてはいけません。そのようなことをすれば、間違いなく、部下からの信頼を失うでしょう。

また、上司の味方をしても、上司の目には「小者」に映るだけです。部下を守ることで、部下からの信頼も得られ、上司からの信頼も得られると知っておきましょう。

## ◆優しいだけでなく、厳しい意見をいう

部下に優しく寄り添って、丁寧に指導することは大切なことです。しかし、ただ優しいだけではいけません。

ときには、厳しいことをいう必要もあります。あえて厳しい意見をいうことで、あなたの信頼をさらに高めることができるからです。

もちろん部下を褒めることも大切です。褒めることの手を緩めてはいけません。

しかし、**仮に5つ褒めたとしたら、1つは厳しい意見をいうようにしてみましょう。**

たとえば、

「たしかに××は素晴らしい。でも△△することも大切ではないかな」

「××はたしかに十分だと思うが、さらに上を目指して△△をするべきではないかな」

といった具合です。

部下を褒めるだけで、いい上司になったつもりになってはいけません。褒めるだけで終われば、それは単なる「いい人」に過ぎません。

あなたが目指さなければならないのは、「いい人」ではなく「いい上司」です。だからこそ、厳しい一言を添えることができるようになれば、あなたは部下を大切にし、かつ伸ばすことのできる素晴らしい上司へと変わります。

## ◆いつも幸せそうにする

あなたなら幸せそうにしている上司と不幸せそうにしている上司では、どちらの部下になりたいでしょうか。

ほとんどの人は、幸せそうにしている上司と答えるはずです。だからこそ、まずあなたは、幸せそうに見せるように努力しなければなりません。

そのために大切なことは、**あなたが自分自身に対してOKを出すことです。**あなたのすべてに対してOKといってみてください。

あなたのすべてが、あらゆる世界に受け入れられているとイメージしてみてください。あなたは本当に幸せな人です。しっかりとイメージしてみましょう。

それでは、今度はあなたのこの「幸せ」という感覚を部下に向かって表現します。その表現は仕事を通じて行います。

幸せだからこそ、仕事に情熱を向けることができます。幸せだからこそ、自分の成長を喜ぶことができます。**結局のところ、仕事に情熱的に取り組んでいることが、部下に対して自分の幸せをアピールすることにつながるのです。**

あなたが成長する姿を見せれば、部下も必ず共感を示します。成長する上司は、部下にとってとても魅力的に映るからです。

## その仕事が部下にとってメリットがあることを示す

あなたには部下に任せている仕事がありますね。しかし、その仕事がなぜ必要なのかをしっかりと部下に伝えているでしょうか。

部下に仕事を任せるならば、必ず仕事の必要性について説明しましょう。

そしてここが一番大切なポイントですが、**その仕事をすることで、その部下にどのようなメリットがあるのかを必ず伝えます。**

「この仕事をすることで、××の能力が伸びていきますよ」とか、「この仕事を達成すれば、社内で××と評価されるよ」などです。

その仕事をすることで、部下のどの能力が伸びるのか、部下の将来にどのように役に立つのかをしっかりと伝えます。

すると、部下は動き始めるものです。

さらに一歩踏み込んで、**やることを部下の口からいわせてみましょう。**

人は他人にいわれたことはなかなか実行できませんが、自分で口にしたことは、受け入れやすいからです。

たとえば、「それでは、やるべきことをいってみて」のように無理のないように誘導します。

それができなかったとしても、「これとこれだよね。もう一度いってみて」のように、必ず部下の口からいわせるようにしていきます。

余談ですが、コーチングやカウンセリングがビジネスの現場で効果的といわれるのは、このように自分の口でいわせるからです。

「聞く」ということ以上に、自分の口から「いわせる」ことに効果があるのです。

# 上司が部下に果たすべき本当の役割とはなにか

上司が本当にしなければならないことはなんでしょうか。

たとえば、部下を励ますことでしょうか。部下を管理することでしょうか。それとも仕事の成果をあげて会社に尽くすことでしょうか。

違いますね。**あなたが上司として本当にしなければならないことは、まず「部下に幸せを感じさせること」なのです。**

これができなければ、なにも前には進みません。

人は自分が幸せでなければ、他人の幸せを心から願うことができません。自分が幸せでなければ、職場の幸せも仕事の成功も願うことができなくなってしまうのです。

それでは、部下に幸せを感じさせるために、上司であるあなたがしなければならないことはなんでしょうか。

さまざまな職場をコンサルタントとして見てきた筆者の経験では、部下は以下のようなときに幸せを感じるといえます。

**1. いつでも上司に自分の話を聞いてもらえる**

**2. 裁量が与えられて、自由に仕事をさせてもらえる**

**3. 自分のよさを認めてもらえて、長所を伸ばしてもらえる**

あなたが部下だったときのことを思い出してみてください。きっと思い当たるのではないでしょうか。

あなたが心構えを変えるだけで、部下に幸せを感じさせられるようになります。

# 何度でも同じ話を聞く覚悟を持つ

部下を持つと、別々の部下から同じ話を聞かされることがよくあります。でも、「その話は聞いたよ」「その報告はさっき受けた」などのような受け答えは絶対にしてはいけません。

このようにいわれたら、上司に報告をしにくくなりますね。

**部下の報告は、いつどんなときでも、まるで初めて聞いたかのように聞くように努めましょう。**

一度聞いた話であっても、そうとは悟られないように、最初から聞くのです。

これはあなたにもメリットがあります。

**同じ話を聞いて、いつの間にか不思議と新たな発見ができるようになるからです。**

最初のうちは億劫《おっくう》に感じるかもしれませんが、このような心構えでいることで、たとえ同じ話であっても、別の部下の視点から聞くことが、むしろ楽しみになってきます。

同じ落語であっても、話す落語家が違えば、まったく新しい発見があるといいます。これと同じように、同じ話であっても、何度でも味わえるようになることが部下を幸せにする上司への近道といえます。

この方法は、上司であるあなたのことも同時に幸せにしてくれます。

どのような話にも真剣に耳を傾けてくれる上司を慕わない部下はいません。そして、部下の話にアンテナを張ることで、あなた自身もつねに新たな発見ができる上司へと生まれ変わります。

あなたから進んで部下の話に耳を傾けたくなることでしょう。すると、ますますさまざまな情報が集まるようになります。

ここで大切なポイントを1つお伝えします。

**部下の話を一通り聞き終えたら、必ずその部下のよい点を探すようにします。**とくに、その部下の得意なところと結びつけるようにしましょう。

そして、部下の得意なところについて、わざとあなたの弱みを伝えると効果的です。本当はあなたにとっての得意分野であっても構いません。

たとえば、「いままでは××が苦手だったけど、△△さんがいてくれるおかげで助かるよ」などです。

その部下にあなたと職場が助けられているということを伝えます。

よい面を褒められたことも相乗効果となって、どのようなことでも気軽にあなたに報告・相談をしてくれるように変わっていくことでしょう。

## 【第11章のまとめ】

・部下からのポジティブな言葉に強く反応し、ネガティブな言葉への反応を抑える
・部下のそばを通り過ぎるときにさりげなく一声かけたりして会話の頻度を増やす
・部下に自分のノウハウを教え、それができたときにはしっかり周囲にわかるようにアピールすることで、部下のモチベーションを上げる
・上司と部下の間で誤解や意見の相違が生じたら、部下の肩をもつ
・部下を5つ褒めたら、1つくらい厳しいことをいうくらいがちょうどいい
・仕事に情熱を持って取り組んでいる姿勢と、幸福な姿を部下に示す
・その仕事のメリットを伝え、さらに、部下のやることを口からいってもらうことで、実行させる
・部下を幸福にすることが上司の役割だと心得る
・同じ話であっても部下の言葉には耳を傾け、部下のよい点を探すように心がける

# おわりに

本書をお読みいただいた読者は、ミスに対する考え方が根本的に変わったのではないでしょうか?

なぜ、人はミスを起こしてしまうのか。

それは決して「不注意」や「確認不足」が原因ではありません。

ミスが起きる本当の理由は、「あなたが変わる必要があるから」なのです。

ミスとは、そのためのメッセージです。

だからこそ、ミスに真剣に耳を傾け、どのように変わらなければならないのかを知らなければなりません。

本書では、ミスからのメッセージを豊富な事例とともに紹介しました。

もう読者もミスが起きたときには、簡単にメッセージを受け取ることができるはずです。そして、受け取ったメッセージから、何を変えなければならないのかもわかるようになっていることでしょう。

もう同じミスを繰り返すことはなくなります。

そして、似たような原因で起きるミスもしなくなります。仕事のやり方も一番いいものへと変えることができます。

あなたの仕事が「速く、正確に、上手に」なるのです。

その結果、あなたは充実した豊かな人生への扉を開くことができます。あなたは充実した時間を生み出すことができるからです。

そして、その時間を何に使うかはあなたの自由です。

なんと幸せなことでしょうか。

本書があなたに約束する効果です。

私たちは他人の成功話に魅せられます。

しかし、実際には成功話が役に立つことはほとんどありません。

一方で、どのような賢人であっても、人間である以上はいつかかならずミスをしてしまいます。

だからこそ、私たちは失敗話にこそ真剣に耳を傾けなければなりません。失敗話に耳を傾けるということは、先人が叡智を得たミスを疑似体験できるということです。

本書には、多くの先人のミスをその叡智とともにちりばめました。あなたは本書を手にするだけで、その貴重な知恵と教訓を手に入れることができます。

本書によって、読者が仕事の生産性を高め、仕事を楽しみ、豊かで幸せな人生を歩んでくれることを切に願います。

少しでも読者の助けになれば幸いです。

坂本松昭

Profile

# 坂本松昭（さかもと・まつあき）

東京大学大学院理学系研究科修了。政策研究大学院大学修了。

大手都市銀行勤務を経て、現在は某大手企業に勤務。

関連会社向けのコンサルタントとしてこれまでに1000人を超える人材を指導し、200以上の会社の業務改革を手がける。

世の中に流布されているあらゆる組織開発や人材育成の手法を実践し、試行錯誤を繰り返した結果、「組織を強くするには個人が強くなるしかない」という結論に到達。

指導経験のなかで効果があった手法だけを体系化してまとめた結果、すべての業務改革で業績アップ・社員満足度向上など成功を収める。

主著に『誰がやってもうまくいく！ 最強の組織づくり』（同友館）がある。

| | |
|---|---|
| イラスト | 神林美生 |
| 校正 | 鷗来堂 |


今すぐできて成果が上がる

# 最強の職場改善

ミスをなくす7つの対処法

2019年7月1日　第1刷発行

| | |
|---|---|
| 著者 | 坂本松昭 |
| 発行人 | 櫻井秀勲 |
| 発行所 | きずな出版<br>東京都新宿区白銀町1-13　〒162-0816<br>電話03-3260-0391　振替00160-2-633551<br>http://www.kizuna-pub.jp |
| ブックデザイン | 土谷英一朗（Studio Bozz） |
| 印刷・製本 | モリモト印刷 |



ISBN978-4-86663-072-4